SE 07

Curso

La diferencia entre aprobar
y sacar plaza

Técnico/a Especialista de Radiodiagnóstico

SERVICIO DE SALUD DEL PRINCIPADO DE ASTURIAS

Si aún no dispones de tu **Curso MAD360**, te ofrecemos un acceso GRATIS de 30 días para que disfrutes de los siguientes recursos:

- Técnicas de Memoria 360.
- MADTEST: Test *online* Nivel PRO.
- Temario en formato digital.
- Planificación de estudio.
- Foro entre opositores hasta la fecha del examen.*
- Recursos y novedades exclusivas.
- Consúltanos sobre tu oposición y proceso selectivo.
- Actualizaciones legislativas (Boletines Oficiales) hasta 60 días antes de la fecha del examen.*

Para acceder a esta prueba del Curso MAD360** será necesaria la compra de todos los libros para esta especialidad de la edición 2025.

Regístrate en **mad.es/iniciar-sesion** y en la pestaña BIBLIOTECA valida los códigos que encuentras en la última página de tus libros.

NOTA IMPORTANTE:

* Examen de esta categoría profesional correspondiente a la convocatoria publicada en el BOPA núm. 90, de 13 de mayo de 2025, o hasta el 31 de julio de 2026, lo que se cumpla antes, y previa renovación del servicio.

** El acceso al CURSO MAD360 estará disponible desde julio de 2025 (algunos recursos podrían estar disponibles en fecha posterior). Tendrá una duración de 30 días RENOVABLES mediante pago, desde la validación de códigos, o hasta el 31 de enero de 2027, lo que se cumpla antes.

MAD se reserva el derecho a ampliar dichas fechas.

Técnico/a Especialista de Radiodiagnóstico del Servicio de Salud del Principado de Asturias

Julio 2025

Técnico/a Especialista de Radiodiagnóstico del Servicio de Salud del Principado de Asturias

Test del temario

Autores

JUAN MANUEL GIL RAMOS
Licenciado en Medicina. Master en Salud Ambiental.
Profesor de Procesos Diagnósticos Clínicos y Productos
Ortoprotésicos

FRANCISCO JESÚS TORRES FONSECA
Licenciado en Derecho

DOMINGO GÓMEZ MARTÍNEZ
Licenciado en Derecho
Técnico de Función Administrativa

ELENA GARCÍA FERNÁNDEZ
Licenciada en Derecho

HERMINIA ANDRADES ROMERO
Diplomada en Fisioterapia. Técnico Superior en Imagen para
el Diagnóstico.
Profesora de Procedimientos de Diagnósticos Clínicos y
Productos Ortoprotésicos

JOSÉ LUIS GARRIDO VELA
Licenciado en Derecho

JUAN CARLOS USERO LÓPEZ
Licenciado en Derecho

TERESA MARÍA TORRES FONSECA
Licenciada en Derecho

© 7 Editores Recursos para la Cualificación Profesional y el Empleo, S.L. (7 Editores)
© Los autores
Primera edición, julio 2025 (234 páginas)
Derechos de edición reservados a favor de 7 Editores
IMPRESO EN ESPAÑA
Diseño Portada: 7 Editores
Edita: 7 Editores
Avda. San Francisco Javier, 9 · Edificio Sevilla 2 · Planta 11 · Módulos 25-27 · 41018 Sevilla
Teléfono: 954 784 411 · WEB: www.mad.es · e-mail: administracion@7editores.com
ISBN: 978-84-142-9663-9
© "Editorial Mad" y "Eduforma" son nombres comerciales registrados de
7 Editores Recursos para la Cualificación Profesional y el Empleo, S.L.

Índice

TEST PARTE COMÚN

TEST PARTE ESPECÍFICA

TEST PARTE COMÚN

La Constitución Española de 1978: El derecho a la protección de la salud en la Constitución. Estatuto de Autonomía del Principado de Asturias: Título Preliminar: de los órganos institucionales del Principado de Asturias (Título II)

1. ¿En qué parte de la Carta Magna se establece la exposición de motivos que impulsan la norma constitucional y los objetivos que con ella se pretenden alcanzar?

a) En el Título Preliminar.
b) En el Preámbulo.
c) En el Título I.
d) En el Título II.

2. La Constitución Española fue sancionada por:

a) El Rey.
b) El Presidente del Congreso.
c) Las Cortes Generales.
d) El Presidente del Gobierno.

3. ¿Cuáles de los siguientes españoles de origen pueden ser privados de su nacionalidad?

a) Exclusivamente los miembros de grupos terroristas.
b) Los miembros de grupos terroristas y los que atenten contra el Rey u otro miembro de la Casa Real.
c) Los que atenten contra un miembro de la Familia Real o del Gobierno de la Nación.
d) Ningún español de origen podrá ser privado de su nacionalidad.

4. Según la CE son fundamentos del orden político y la paz social:

a) La dignidad de la persona, los derechos violables que les son inherentes y el respeto a la ley.
b) La dignidad de la persona, el desarrollo limitado de la personalidad y el respeto a la ley.
c) El respeto a la ley, a los reglamentos administrativos y demás disposiciones legales.
d) La dignidad de la persona, los derechos inviolables que le son inherentes, el libre desarrollo de su personalidad, el respeto a la ley y a los derechos de los demás.

5. ¿Cuál de los siguientes es considerado por la CE como uno de los valores superiores del ordenamiento jurídico?

a) La jerarquía normativa.
b) El pluralismo político.
c) La publicidad normativa.
d) La equidad.

6. La forma política del Estado español es:

a) Democracia parlamentaria.
b) Gobierno parlamentario.
c) Monarquía parlamentaria.
d) República democrática.

7. La parte de la CE que regula la estructura de los principales órganos del Estado recibe el nombre de:

a) Parte dogmática.
b) Parte orgánica.
c) Parte estatal.
d) Parte estructural.

8. Según la CE, la soberanía nacional:

a) Corresponde a las Cortes Generales, al estar compuestas por los representantes del pueblo.
b) Corresponde al Rey.
c) Reside en el pueblo español.
d) Corresponde al Gobierno de la Nación elegido directamente por el pueblo.

9. El derecho a la propiedad en nuestra Constitución es un Derecho:

a) Inherente a la condición humana.
b) Absoluto.
c) Limitado por la función social de la misma.
d) Ninguna de las respuestas anteriores es correcta.

10. ¿En qué parte de la Carta Magna se señalan los valores superiores del ordenamiento jurídico?

a) En el Preámbulo.
b) En el Título Preliminar.
c) En el Título I.
d) Ninguna respuesta es correcta.

11. La Comunidad Autónoma del Principado de Asturias se constituyó a través de la vía:

a) Del artículo 151 CE.
b) Del artículo 155 CE.
c) De la Ley Orgánica 1/99.
d) Del artículo 143 CE.

12. Indica la respuesta correcta respecto a las siguientes afirmaciones que se regulan en el Estatuto de Autonomía del Principado de Asturias:

a) El término del Concejo coincide con la tradicional Parroquia rural.
b) Todas las instituciones oficiales del Principado de Asturias se encuentran en Oviedo.
c) El himno de la Comunidad Autónoma del Principado de Asturias es la canción "Asturias, Patria querida".
d) El Bable es el idioma oficial del Principado de Asturias.

13. El municipio asturiano coincide con la denominación tradicional de:

a) Parroquia.
b) Área metropolitana.
c) Comarca.
d) Concejo.

14. Según el Estatuto de Autonomía de Asturias, gozan de la condición política de asturianos:

a) Cualquiera que tenga vecindad en alguno de los Concejos de Asturias.
b) Los nacidos en Asturias, cualquiera que sea el lugar donde residan.
c) Los ciudadanos españoles que tengan vecindad administrativa en el territorio de la Comunidad.
d) Quienes hayan nacido en Asturias y acrediten esta condición en cualquier Administración Pública de España.

15. Conforme al Estatuto de Autonomía del Principado de Asturias, las disposiciones del Consejo de Gobierno que contienen legislación delegada reciben el título de:

a) Decretos legislativos.
b) Decretos Leyes.
c) Leyes orgánicas.
d) Reglamentos.

16. La Junta General del Principado de Asturias podrá delegar en el Consejo de Gobierno la potestad de:

a) Aprobar las leyes presupuestarias.
b) Dictar leyes y Acuerdos, siempre que estos requieran para su aprobación de mayoría cualificada.

c) Dictar Acuerdos pero no leyes.

d) Dictar normas con rango de ley.

17. La delegación legislativa que realice la Junta General del Principado de Asturias será siempre en favor de:

a) Su Consejo de Gobierno.

b) Su Presidente.

c) Cualquier autoridad de la Comunidad Autónoma.

d) Cualquiera de los miembros que la componen.

18. Según el Estatuto de Autonomía de Asturias, la delegación legislativa cuyo objeto sea la formación de textos articulados deberá otorgarse mediante:

a) Decreto legislativo.

b) Ley de bases.

c) Ley ordinaria.

d) Cualquier disposición, sin forma concreta.

19. Y cuando la delegación legislativa trate de refundir varios textos legales en uno solo, se hará mediante:

a) Acuerdo.

b) Ley de bases.

c) Ley ordinaria.

d) Decreto legislativo.

20. La facultad para oponerse a la tramitación por la Junta General del Principado de Asturias de una proposición de ley o una enmienda contraria a una delegación legislativa en vigor, corresponde:

a) Al Presidente del Principado de Asturias.

b) Al Consejo de Gobierno.

c) A la Junta de Gobierno.

d) Al Presidente y a la Junta de Gobierno, según los casos.

En MADTEST tienes **más preguntas de este tema**, y todos tus avances quedan registrados y se reflejan en el ranking.

¡Supera tus límites con MADTEST!

Solución al test n.º 1

1. b) En el Preámbulo.

2. a) El Rey.

3. d) Ningún español de origen podrá ser privado de su nacionalidad.

4. d) La dignidad de la persona, los derechos inviolables que le son inherentes, el libre desarrollo de su personalidad, el respeto a la ley y a los derechos de los demás.

5. b) El pluralismo político.

6. c) Monarquía parlamentaria.

7. b) Parte orgánica.

8. c) Reside en el pueblo español.

9. c) Limitado por la función social de la misma.

10. b) En el Título Preliminar.

11. d) Del artículo 143 CE.

12. c) El himno de la Comunidad Autónoma del Principado de Asturias es la canción "Asturias, Patria querida".

13. d) Concejo.

14. c) Los ciudadanos españoles que tengan vecindad administrativa en el territorio de la Comunidad.

15. a) Decretos legislativos.

16. d) Dictar normas con rango de ley.

17. a) Su Consejo de Gobierno.

18. b) Ley de bases.

19. c) Ley ordinaria.

20. b) Al Consejo de Gobierno.

TEST N.º 2

Ley 14/1986, de 25 de abril, General de Sanidad. Principios generales, estructura y contenido. Ley 41/2002, de 14 de noviembre, de la Autonomía del paciente: derechos y obligaciones en materia de información y documentación clínica. El secreto profesional: concepto y regulación jurídica. El consentimiento informado. Derechos y deberes de los ciudadanos en el Sistema de Salud

1. ¿De cuántos Títulos consta la Ley General de Sanidad?

a) Cuatro.
b) Cinco.
c) Seis.
d) Siete.

2. ¿En qué Título de la Ley General de Sanidad, se regula la estructura del sistema sanitario público?

a) Título I.
b) Título II.
c) Título III.
d) Título IV.

3. Las Áreas de Salud serán dirigidas por un órgano propio, donde deberán participar las Corporaciones Locales en ellas situadas, con una representación no inferior al:

a) 20 %.
b) 30 %.
c) 40 %.
d) 50 %.

4. Los Consejos de Salud de Área estarán constituidos por organizaciones sindicales más representativas, en una proporción no inferior al:

a) 25 %.
b) 30 %.

c) 40 %.
d) 50 %.

5. Entre las características fundamentales del Sistema Nacional de Salud, no se encuentra:

a) La extensión de sus servicios a toda la población.
b) La coordinación y, en su caso, la integración de todos los recursos sanitarios públicos en tres dispositivos únicos (estatal, autonómico y local).
c) La prestación de una atención integral de la salud procurando altos niveles de calidad debidamente evaluados y controlados.
d) Todas son correctas.

6. ¿En cuántos niveles organizativos se divide el sistema sanitario español?

a) Tres: central, autonómico y áreas de salud.
b) Dos: central y autonómico.
c) Central, del que derivan el autonómico y local.
d) Únicamente el central.

7. Para la delimitación de las zonas básicas no deberá tenerse en cuenta:

a) El grado de concentración o dispersión de la población.
b) Las características epidemiológicas de la zona.
c) Las instalaciones y recursos sanitarios de la zona.
d) Las distancias mínimas de las agrupaciones de población más cercanas de los servicios y el tiempo normal a invertir en su recorrido usando los medios ordinarios.

8. El Título II de la Ley General de Sanidad, regula:

a) El sistema de salud.
b) La estructura del sistema sanitario público.
c) Las actividades sanitarias privadas.
d) Ninguna es correcta.

9. Las acciones de coordinación y cooperación de las Administraciones Públicas sanitarias, no comprenderán:

a) Las prestaciones sanitarias.
b) La farmacia.
c) Los profesionales.
d) La salud privada.

10. ¿Cuál de las siguientes no es una característica del modelo establecido por la Ley General de Sanidad?

a) Descentralización.
b) Atención Primaria.

c) Gratuidad.
d) Participación de la Comunidad.

11. La Ley de Autonomía del Paciente establece la obligatoriedad de obtener el consentimiento informado del paciente:

a) Solo en los casos de intervención quirúrgica.
b) Solo en los casos de aplicación de procedimientos que supongan grandes riesgos o inconvenientes de notoria repercusión negativa sobre su salud.
c) Para toda actuación en el ámbito de su salud.
d) La Ley no establece esta obligación.

12. Tal y como establece la Ley 41/2002, de Autonomía del Paciente, en caso de que el paciente no acepte el tratamiento se le propondrá que firme el alta voluntaria y si no la firma la Dirección del Centro:

a) Puede disponer el alta forzosa.
b) Firmará en su nombre el alta involuntaria.
c) Mantendrá el ingreso por periodo mínimo de cinco días naturales.
d) No está reconocida la negativa al tratamiento de los pacientes.

13. El derecho del paciente a no ser informado:

a) No está reconocido por la ley.
b) Podrá restringirse en cualquier momento.
c) Podrá restringirse cuando sea estrictamente necesario en beneficio del paciente.
d) Solo podrá ejercitarse si el paciente designa a un familiar o a otra persona a la que se le facilite la información.

14. El reconocimiento legal de que se respeten los deseos expresados anteriormente en el documento de instrucciones previas es una manifestación del derecho:

a) A la información sanitaria.
b) A la segunda opinión.
c) A la autonomía del paciente.
d) A la información post-mortem.

15. Indique la proposición incorrecta en relación con los requisitos del consentimiento:

a) Debe ser libre.
b) Debe ser voluntario.
c) La decisión de consentir debe anteceder a una información adecuada.
d) La persona que lo presta debe tener capacidad para conocer, comprender y querer el alcance de su decisión.

16. La Ley 41/2002, de Autonomía del paciente, establece que, como regla general, el consentimiento se manifestará en forma:

a) Verbal.
b) Escrita.
c) Documental.
d) Ante testigos.

17. Según establece la Ley 41/2002, de Autonomía del paciente, el paciente o usuario tiene derecho a decidir libremente entre las opciones clínicas disponibles después de recibir:

a) Información completa.
b) Información adecuada.
c) Información documental.
d) Información escrita.

18. La renuncia del paciente a recibir información:

a) No se reconoce por la ley.
b) Está limitada por el interés de la salud del propio paciente.
c) No está limitada por el interés de la salud de terceros.
d) Ninguna de las anteriores es correcta.

19. Según establece la Ley 41/2002, de Autonomía del paciente, ha de constar siempre por escrito:

a) La información al paciente.
b) El consentimiento informado.
c) La aceptación del tratamiento.
d) La negativa al tratamiento.

20. En la legislación sanitaria española, el consentimiento escrito del paciente:

a) Es una exigencia legal.
b) Es conveniente.
c) Es obligatorio en determinados supuestos.
d) No es necesario.

En MADTEST tienes **más preguntas de este tema**, y todos tus avances quedan registrados y se reflejan en el ranking.

¡Supera tus límites con MADTEST!

Solución al test n.º 2

1. d) Siete.

2. c) Título III.

3. c) 40 %.

4. a) 25 %.

5. b) La coordinación y, en su caso, la integración de todos los recursos sanitarios públicos en tres dispositivos únicos (estatal, autonómico y local).

6. a) Tres: central, autonómico y áreas de salud.

7. d) Las distancias mínimas de las agrupaciones de población más cercanas de los servicios y el tiempo normal a invertir en su recorrido usando los medios ordinarios.

8. d) Ninguna es correcta.

9. d) La salud privada

10. c) Gratuidad.

11. c) Para toda actuación en el ámbito de su salud.

12. a) Puede disponer el alta forzosa.

13. c) Podrá restringirse cuando sea estrictamente necesario en beneficio del paciente.

14. c) A la autonomía del paciente.

15. c) La decisión de consentir debe anteceder a una información adecuada.

16. a) Verbal.

17. b) Información adecuada.

18. b) Está limitada por el interés de la salud del propio paciente.

19. d) La negativa al tratamiento.

20. c) Es obligatorio en determinados supuestos.

TEST N.º 3

Ley 16/2003, de 28 de mayo, de Cohesión y Calidad del Sistema Nacional de Salud: principios generales, derechos de los ciudadanos y prestaciones del Sistema Nacional de Salud. El Consejo Interterritorial: Objeto, composición y funciones. Sistemas de información sanitaria. Ley 44/2003, de 21 de noviembre, de Ordenación de las Profesiones Sanitarias: Ámbito de aplicación. El ejercicio de las profesiones sanitarias. Profesiones sanitarias tituladas y profesionales del área sanitaria profesional. Formación especializada en Ciencias de la Salud

1. ¿Quién realiza las acciones de coordinación y cooperación de las Administraciones Públicas sanitarias?

a) El Consejo Interterritorial.
b) La Alta Inspección.
c) Son correctas las opciones a y b.
d) Ninguna es correcta.

2. Las acciones de coordinación y cooperación de las Administraciones Públicas sanitarias, no comprenderán:

a) Las prestaciones sanitarias.
b) La farmacia.
c) Los profesionales.
d) La salud privada.

3. La cohesión y calidad del Sistema Nacional de Salud, se aprobó por ley, en el año:

a) 2002.
b) 2003.
c) 2004.
d) 2005.

4. ¿De cuántos Capítulos consta la Ley de Cohesión y Calidad del Sistema Nacional de Salud?

a) Once.
b) Diez.
c) Nueve.
d) Ocho.

5. ¿Al amparo de qué artículo de la Constitución se dicta la Ley de Cohesión y Calidad del Sistema Nacional de Salud?

a) 143.
b) 141.
c) 149.
d) Ninguna es correcta.

6. ¿Qué título de la Ley 44/2003, de 21 de noviembre, de ordenación de las profesiones sanitarias, regula el desarrollo profesional y su reconocimiento?

a) El título II.
b) El título III.
c) El título IV.
d) El título V.

7. ¿Qué título de la Ley 44/2003, de 21 de noviembre, de ordenación de las profesiones sanitarias, regula el ejercicio profesional en el ámbito privado?

a) El título II.
b) El título III.
c) El título IV.
d) El título V.

8. Señalar la opción incorrecta. El objeto de la Ley 44/2003 es regular los aspectos básicos de las profesiones sanitarias tituladas en lo que se refiere a:

a) La participación de los profesionales en la planificación y ordenación de las profesiones sanitarias.
b) Su ejercicio por cuenta propia o ajena.
c) La estructura general de la formación de los profesionales.
d) El acceso de los profesionales a la sanidad pública.

9. Las disposiciones de la Ley 44/2003 son aplicables:

a) Solo a los profesionales que ejercen en los servicios sanitarios públicos.
b) Tanto si la profesión se ejerce en los servicios sanitarios públicos como en el ámbito de la sanidad privada.

c) Solo a los profesionales que ejerzan en el ámbito de la sanidad privada.

d) A los profesionales que ejercen en los servicios sanitarios públicos y a los que ejerzan en el ámbito de la sanidad privada por cuenta ajena; pero no a los que ejerzan en la sanidad privada por cuenta propia.

10. El artículo 2.º núm. 2-A) de la Ley 44/2003, de 21 de noviembre de Ordenación de las Profesiones Sanitarias, define como profesiones sanitarias de nivel de Licenciado universitario las siguientes:

a) Licenciados en Medicina, en Farmacia, en Odontología, y los licenciados especialistas en Ciencias de la Salud.

b) Licenciados en Medicina, en Farmacia, en Odontología, en Veterinaria, y los licenciados especialistas en Ciencias de la Salud.

c) Licenciados en Medicina, en Farmacia, en Veterinaria, y los licenciados especialistas en Ciencias de la Salud.

d) Licenciados en Medicina, en Farmacia, en Odontología, Psicólogos Clínicos, y los licenciados especialistas en Ciencias de la Salud.

11. Se podrá declarar formalmente el carácter de profesión sanitaria, titulada y regulada, de una determinada actividad no prevista en el artículo 2.º de la Ley 44/2003, mediante:

a) Una norma con rango de ley.

b) Real Decreto.

c) Orden del Ministerio de Sanidad.

d) Orden del Ministerio de Educación.

12. Los profesionales del área sanitaria de formación profesional se estructuran en los siguientes grupos:

a) Grupo I, Grupo II y Grupo III.

b) Nivel 1 y Nivel 2.

c) Grado Superior y Grado Medio.

d) Grupo A1, Grupo A2 y Grupo C1.

13. Los profesionales sanitarios a lo largo de su vida profesional deberán:

a) Acreditar su servicio a la sociedad.

b) Dedicar parte de su vida profesional a la investigación.

c) Realizar una formación continuada.

d) Certificar conocimientos de las últimas técnicas y procedimientos de su especialidad.

14. Es un principio general del ejercicio de las profesiones sanitarias:

a) La amplia autonomía técnica y científica.

b) La participación pasiva.

c) La conveniencia de la posesión de un título oficial.

d) El libre ejercicio de la profesión.

15. Señalar la opción incorrecta en relación al ejercicio de la profesión sanitaria:

a) Existirá formalización escrita de su trabajo reflejada en una historia clínica que deberá ser común para cada centro y única para cada paciente atendido en él.

b) La eficacia organizativa de los servicios, secciones y equipos, o unidades asistenciales equivalentes sea cual sea su denominación, requerirá la existencia escrita de normas de funcionamiento interno y la definición de objetivos y funciones tanto generales como específicas para cada miembro del mismo.

c) La continuidad asistencial de los pacientes, tanto la de aquellos que sean atendidos por distintos profesionales y especialistas dentro del mismo centro como la de quienes lo sean en diferentes niveles, requerirá en cada ámbito asistencial la existencia de procedimientos, protocolos de elaboración conjunta e indicadores para asegurar esta finalidad.

d) Los protocolos deberán ser utilizados de forma obligatoria, como guía de actuación para todos los profesionales de un equipo, y serán regularmente actualizados con la participación de aquellos que los deben aplicar.

16. Atendiendo al artículo 5 de la Ley 44/2003, no es uno de los principios generales referentes a la relación entre los profesionales sanitarios y de las personas atendidas por ellos:

a) Los profesionales tienen el deber de hacer un uso racional de los recursos diagnósticos y terapéuticos a su cargo.

b) Los profesionales tienen el deber de respetar la personalidad, dignidad e intimidad de las personas a su cuidado y deben respetar la participación de los mismos en las tomas de decisiones que les afecten.

c) Los profesionales tienen derecho a la libre aceptación de los pacientes a los que les corresponde atender.

d) Los profesionales y los responsables de los centros sanitarios facilitarán a sus pacientes el ejercicio del derecho a conocer el nombre, la titulación y la especialidad de los profesionales sanitarios que les atienden.

17. ¿A quién corresponde la indicación y realización de las actividades dirigidas a la promoción y mantenimiento de la salud?

a) A los licenciados en Medicina.

b) A los diplomados universitarios en Enfermería.

c) A los diplomados universitarios en Terapia Ocupacional.

d) A los licenciados en Farmacia.

18. Los centros sanitarios revisarán que los profesionales sanitarios de su plantilla cumplen los requisitos necesarios para ejercer la profesión, como mínimo:

a) Cada 2 años.

b) Cada 3 años.

c) Cada 4 años.
d) Cada 5 años.

19. Según la Ley 44/2003, la unidad básica en la que se estructuran de forma uni o multiprofesional e interdisciplinar los profesionales y demás personal de las organizaciones asistenciales para realizar efectiva y eficientemente los servicios que les son requeridos, es:

a) La unidad de gestión clínica.
b) El Colegio Profesional.
c) El equipo de profesionales.
d) La cartera de servicios.

20. Señalar la opción incorrecta. La atención sanitaria integral, supone:

a) La cooperación multidisciplinaria.
b) La integración de los procesos.
c) La continuidad asistencial.
d) La superposición entre procesos asistenciales atendidos por distintos titulados o especialistas.

En MADTEST tienes **más preguntas de este tema**, y todos tus avances quedan registrados y se reflejan en el ranking.

¡Supera tus límites con MADTEST!

Solución al test n.º 3

1. c) Son correctas las opciones a y b.

2. d) La salud privada.

3. b) 2003.

4. a) Once.

5. c) 149.

6. b) El título III.

7. c) El título IV.

8. d) El acceso de los profesionales a la sanidad pública.

9. b) Tanto si la profesión se ejerce en los servicios sanitarios públicos como en el ámbito de la sanidad privada.

10. b) Licenciados en Medicina, en Farmacia, en Odontología, en Veterinaria, y los licenciados especialistas en Ciencias de la Salud.

11. a) Una norma con rango de ley.

12. c) Grado Superior y Grado Medio.

13. c) Realizar una formación continuada.

14. d) El libre ejercicio de la profesión.

15. d) Los protocolos deberán ser utilizados de forma obligatoria, como guía de actuación para todos los profesionales de un equipo, y serán regularmente actualizados con la participación de aquellos que los deben aplicar.

16. c) Los profesionales tienen derecho a la libre aceptación de los pacientes a los que les corresponde atender.

17. a) A los licenciados en Medicina.

18. b) Cada 3 años.

19. c) El equipo de profesionales.

20. d) La superposición entre procesos asistenciales atendidos por distintos titulados o especialistas.

TEST N.º 4

Ley 55/2003, de 16 de diciembre, del Estatuto Marco del Personal Estatutario de los Servicios de Salud: objeto y ámbito de aplicación; clasificación de personal estatutario; Titulación, funciones, tipo de nombramiento. Derechos y deberes; situaciones; incompatibilidades; régimen disciplinario

1. El Estatuto Marco del Personal Estatutario de los Servicios de Salud está regulado por:

a) Una Ley orgánica.
b) Una Ley ordinaria.
c) Un Real Decreto.
d) Un Reglamento.

2. El Estatuto Marco considera al personal estatutario como titular de una relación:

a) Funcionarial común.
b) Laboral común.
c) Estatutaria de la Seguridad Social.
d) Funcionarial especial.

3. El personal estatutario con nombramiento expedido para el desempeño de funciones de gestión o para el desempeño de profesiones u oficios que no tengan carácter sanitario se denomina:

a) Personal universitario.
b) Personal de gestión y servicios.
c) Personal directivo.
d) Personal administrativo.

4. Según establece el art. 8 de la Ley 55/2003, de 16 de diciembre, del Estatuto Marco de los Servicios de Salud, es personal estatutario fijo:

a) El que, una vez superado el correspondiente proceso selectivo, obtiene un nombramiento para el desempeño, con carácter permanente, de las funciones que de tal nombramiento se deriven.

b) Todo el personal al servicio de los Servicios de Salud.

c) El personal que realice una prestación de servicios determinados de naturaleza temporal, coyuntural o extraordinaria.

d) El personal en posesión de un contrato laboral indefinido.

5. Conforme a lo dispuesto en el artículo 2.2 de la Ley 55/2003, de 16 de diciembre, del Estatuto Marco del personal estatutario de los servicios de salud, en lo no previsto en la misma serán aplicables al personal estatutario:

a) Las disposiciones y principios generales sobre función pública de la Administración correspondiente.

b) Las disposiciones de derecho laboral, dictadas al amparo del artículo 149.1.7º de la Constitución.

c) Las disposiciones sobre función pública de la Administración del Estado, en todo caso, conforme a lo dispuesto en el artículo 149.3 de la Constitución.

d) El convenio colectivo del personal laboral al servicio de la Administración correspondiente.

6. Conforme al artículo 6.2 de la Ley 55/2003, de 16 de diciembre, del Estatuto Marco del personal estatutario de los servicios de salud, atendiendo al nivel académico del título exigido para el ingreso, el personal estatutario sanitario de formación profesional se divide en:

a) Técnicos sanitarios y Auxiliares de Enfermería.

b) Técnicos superiores y Técnicos.

c) Técnicos superiores y Técnicos de gestión.

d) Técnicos especialistas y Técnicos.

7. La categoría profesional de Celador está comprendida dentro del grupo de:

a) Personal de gestión y servicios.

b) Personal no estatutario.

c) Personal estatutario sanitario.

d) Personal estatutario de formación profesional.

8. Es personal Estatutario Sanitario:

a) El que ejerce una profesión o especialidad sanitaria.

b) El que ostenta esta condición en virtud de nombramiento expedido para el ejercicio de una profesión o especialización sanitaria.

c) El que desempeña una categoría clasificada como sanitaria.
d) Quien ejerza una profesión sanitaria sin ostentar la condición de funcionario.

9. El personal Estatutario de Gestión y Servicio se clasifica en función del título exigido para el ingreso en:

a) Personal de formación universitaria, personal de formación personal y otro personal.
b) Personal universitario, personal de formación profesional y personal subalterno.
c) Personal licenciado universitario, personal de administración y personal auxiliar.
d) Ninguna es correcta.

10. No constituye un derecho individual del personal estatutario:

a) La estabilidad en el empleo.
b) La movilidad voluntaria.
c) El descanso necesario.
d) La negociación colectiva.

11. El régimen de derechos del personal estatutario será aplicable al personal temporal:

a) En la medida en que la naturaleza del derecho lo permita.
b) En todo caso.
c) En ningún caso.
d) Solo cuando así se establezca en su nombramiento.

12. En relación con los derechos y deberes regulados en el Estatuto Marco, no se considera un derecho colectivo:

a) La huelga.
b) La actividad sindical.
c) La reunión.
d) La estabilidad en el empleo.

13. El personal estatutario de los servicios de salud tiene el deber de:

a) Participar en la elaboración de los convenios colectivos.
b) Realizar sus funciones fuera del horario y jornada habitual.
c) Realizar actividades sindicales.
d) Respetar la Constitución, el Estatuto de Autonomía correspondiente y el resto del ordenamiento jurídico.

14. Según el Estatuto Marco del Personal Estatutario de los Servicios de Salud, ¿cuál de los siguientes es un derecho colectivo?

a) Derecho a la percepción puntual de las retribuciones e indemnizaciones por razón del servicio en cada caso establecidas.
b) Derecho a la libre sindicación.

c) Derecho a la movilidad voluntaria, promoción interna y desarrollo profesional, en la forma en que prevean las disposiciones en cada caso aplicables.

d) Derecho a la jubilación en los términos y condiciones establecidas en las normas en cada caso aplicables.

15. Son faltas muy graves:

a) La falta de obediencia debida a los superiores.

b) El acoso sexual, cuando el sujeto activo del acoso cree con su conducta un entorno laboral intimidatorio, hostil o humillante para la persona que es objeto del mismo.

c) El incumplimiento del deber de respeto a la Constitución o al respectivo Estatuto de Autonomía en el ejercicio de sus funciones.

d) La aceptación de cualquier tipo de contraprestación por los servicios prestados a los usuarios de los Servicios de Salud.

16. El funcionario sancionado con la separación del servicio no podrá concurrir a las pruebas de selección para la obtención de la condición de personal estatutario fijo, ni prestar servicios como personal estatutario temporal, durante:

a) Los 6 años siguientes.

b) Los 5 años siguientes.

c) Los 10 años siguientes.

d) La separación del servicio es definitiva.

17. Cuando la suspensión de funciones se imponga por falta muy grave, no podrá superar:

a) Los seis años.

b) Los diez años.

c) Los doce años.

d) Los quince años.

18. Según el Estatuto Marco, las faltas graves prescribirán:

a) Al año.

b) A los dos años.

c) A los tres años.

d) A los cuatro años.

19. Según el Estatuto Marco, las sanciones impuestas por faltas leves prescribirán:

a) Al mes.

b) A los tres meses.

c) A los seis meses.

d) Al año.

20. Las sanciones disciplinarias firmes que se impongan al personal estatutario se anotarán en su expediente personal. Las anotaciones por sanciones impuestas por faltas leves se cancelarán de oficio, desde el cumplimiento de la sanción, a:

a) Los 3 meses.
b) Los 6 meses.
c) El año.
d) Los 2 años.

En MADTEST tienes **más preguntas de este tema**, y todos tus avances quedan registrados y se reflejan en el ranking.

¡Supera tus límites con MADTEST!

Solución al test n.º 4

1. b) Una Ley ordinaria.

2. d) Funcionarial especial.

3. b) Personal de gestión y servicios.

4. a) El que, una vez superado el correspondiente proceso selectivo, obtiene un nombramiento para el desempeño, con carácter permanente, de las funciones que de tal nombramiento se deriven.

5. a) Las disposiciones y principios generales sobre función pública de la Administración correspondiente.

6. b) Técnicos superiores y Técnicos.

7. a) Personal de gestión y servicios.

8. b) El que ostenta esta condición en virtud de nombramiento expedido para el ejercicio de una profesión o especialización sanitaria.

9. a) Personal de formación universitaria, personal de formación personal y otro personal.

10. d) La negociación colectiva.

11. a) En la medida en que la naturaleza del derecho lo permita.

12. d) La estabilidad en el empleo.

13. d) Respetar la Constitución, el Estatuto de Autonomía correspondiente y el resto del ordenamiento jurídico.

14. b) Derecho a la libre sindicación.

15. c) El incumplimiento del deber de respeto a la Constitución o al respectivo Estatuto de Autonomía en el ejercicio de sus funciones.

16. a) Los 6 años siguientes.

17. b) Los diez años.

18. b) A los dos años.

19. c) A los seis meses.

20. b) Los 6 meses.

TEST N.º 5

Real Decreto Legislativo 5/2015, de 30 de octubre. Clases de personal al servicio de las Administraciones Públicas (Título II). Representación, participación y negociación colectiva (Capítulo IV –Título III). Código de conducta de los empleados públicos (Capítulo VI-Título III)

1. De qué forma se aprobó la vigente Ley del Estatuto Básico del Empleado Público:

a) Por una Ley Orgánica.
b) Mediante un Texto Refundido.
c) Mediante una Ley de Bases.
d) Por un Real Decreto-Ley.

2. El vigente texto refundido de la Ley del Estatuto Básico del Empleado Público fue aprobado por:

a) Real Decreto Legislativo 5/2015, de 30 de octubre.
b) Real Decreto Legislativo 2/2015, de 23 de octubre.
c) Real Decreto Legislativo 3/2015, de 23 de octubre.
d) Real Decreto Legislativo 6/2015, de 30 de octubre.

3. El empleo en el sector público se caracteriza por estar configurado por un modelo:

a) Unitario de personal funcionario.
b) Unitario de personal estatutario.
c) Dual de regímenes jurídicos, personal funcionario y personal laboral.
d) De tres regímenes jurídicos, personal funcionario, personal laboral y personal de designación.

4. El EBEP contiene:

a) Aquello que es común al conjunto de los empleados públicos de todas las Administraciones Públicas.
b) Las normas legales específicas aplicables a los empleados públicos de todas las Administraciones Públicas.

c) Aquello que es común al conjunto de los funcionarios de todas las Administraciones Públicas, más las normas legales específicas aplicables al personal laboral a su servicio.

d) Aquello que es común al conjunto del personal laboral de todas las Administraciones Públicas, más las normas legales específicas aplicables al personal funcionario a su servicio.

5. Se regirá por la legislación específica dictada por el Estado y por las comunidades autónomas en el ámbito de sus respectivas competencias y por lo previsto en el EBEP, excepto el capítulo II del título III (salvo el artículo 20), y los artículos 22.3, 24 y 84:

a) El personal funcionario de las Universidades Públicas.

b) El personal funcionario y en lo que proceda el personal laboral al servicio de las Administraciones de las entidades locales.

c) El personal estatutario de los servicios de salud.

d) El personal funcionario y laboral al servicio de las Administraciones de las comunidades autónomas.

6. Para todo el personal de las Administraciones Públicas no incluido en su ámbito de aplicación, el EBEP tendrá carácter:

a) Consultivo.

b) Voluntario.

c) Supletorio.

d) Interpretativo.

7. Las disposiciones del EBEP sólo se aplicarán directamente cuando así lo disponga su legislación específica al siguiente personal:

a) El personal funcionario de las entidades locales.

b) El personal estatutario de los Servicios de Salud.

c) Personal de las Fuerzas y Cuerpos de Seguridad.

d) El personal docente.

8. Es un principio de actuación del EBEP:

a) La jerarquía en la atribución, ordenación y desempeño de las funciones y tareas.

b) La negociación en la atribución, ordenación y desempeño de las funciones y tareas.

c) La participación en la atribución, ordenación y desempeño de las funciones y tareas.

d) La promoción en la atribución, ordenación y desempeño de las funciones y tareas.

9. Según el art. 4 del TREBEP ¿Qué personal no tiene legislación específica propia?

a) Las Cortes Generales.

b) El personal del Centro Nacional de Inteligencia.

c) Las Universidades públicas.

d) Personal militar de las Fuerzas Armadas.

10. El artículo 8 del Texto Refundido de la Ley del Estatuto Básico del Empleado Público, aprobado por el Real Decreto Legislativo 5/2015, de 30 de octubre, define como aquellos quienes desempeñan funciones retribuidas en las Administraciones Públicas al servicio de los intereses generales:

a) A los Funcionarios públicos.
b) A los Empleados públicos.
c) Al Personal laboral de las Administraciones Públicas.
d) Al personal estatutario.

11. Basándonos en el artículo 8 del Texto Refundido de la Ley del Estatuto Básico del Empleado Público, no es una clase de empleado público:

a) Funcionario de carrera.
b) Personal laboral.
c) Funcionario interino.
d) Funcionario eventual.

12. Corresponden en exclusiva a los funcionarios públicos, en los términos que en la ley de desarrollo de cada Administración Pública se establezca, el ejercicio de las funciones que impliquen la participación directa o indirecta:

a) En el archivo y documentación de información administrativa.
b) En tareas administrativas.
c) En el ejercicio de las potestades públicas.
d) En las tareas directivas.

13. Los funcionarios de carrera son aquellos quienes, en virtud de nombramiento legal, están vinculados a una Administración Pública por una relación estatutaria regulada por:

a) El Derecho Laboral.
b) El Derecho Administrativo.
c) El Derecho Civil.
d) El Derecho Constitucional.

14. Las leyes de Función Pública que se dicten en desarrollo del EBEP podrán prever el nombramiento de personal interino para la ejecución de programas de carácter temporal con una duración de hasta:

a) 2 años.
b) 3 años.
c) 4 años.
d) 5 años.

15. ¿Es aplicable a los funcionarios interinos el régimen general de los funcionarios de carrera?

a) Sí, en todo caso; independientemente de que el nombramiento tenga o no carácter extraordinario y urgente.

b) No, en ningún caso. Tienen su propio régimen general.

c) Sí, en cuanto sea adecuado a la naturaleza de su condición y al carácter extraordinario y urgente de su nombramiento, salvo aquellos derechos inherentes a la condición de funcionario de carrera.

d) No, se rigen por un convenio colectivo de carácter estatal.

16. Podrá nombrarse personal funcionario interino para la ejecución de programas de carácter temporal, que no podrán tener una duración:

a) Inferior a 3 años.

b) Superior a 2 años, ampliable hasta doce meses más por las leyes de Función Pública que se dicten en desarrollo del TR-LEBEP.

c) Superior a 3 años, ampliable hasta doce meses más por las leyes de Función Pública que se dicten en desarrollo del TR-LEBEP.

d) Superior a 6 meses, dentro de un periodo de doce meses.

17. Los funcionarios interinos serán nombrados por razones expresamente justificadas de necesidad y:

a) Economía.

b) Eficacia.

c) Urgencia.

d) Calidad.

18. Según el artículo 11 del Estatuto Básico del Empleado Público, el personal laboral, en función de la duración del contrato, podrá ser (señalar la opción incorrecta):

a) Temporal.

b) Por tiempo indefinido.

c) Fijo.

d) Eventual.

19. Es personal eventual el que, en virtud de nombramiento y con carácter no permanente, solo realiza funciones expresamente calificadas como de confianza o:

a) Representación política.

b) Asesoramiento especial.

c) Gran responsabilidad.

d) Dirección delegada.

20. En todo caso, el personal eventual cesará:

a) Cuando transcurran 4 años ininterrumpidos desde su nombramiento.

b) Cuando concluya la tarea por la que fue designado.

c) Cuando se produzca el cese de la autoridad a la que se preste la función de confianza o asesoramiento.

d) Cuando exista personal funcionario de carrera que pueda ejercer sus funciones.

En MADTEST tienes **más preguntas de este tema**, y todos tus avances quedan registrados y se reflejan en el ranking.

¡Supera tus límites con MADTEST!

Solución al test n.º 5

1. b) Mediante un Texto Refundido.

2. a) Real Decreto Legislativo 5/2015, de 30 de octubre.

3. c) Dual de regímenes jurídicos, personal funcionario y personal laboral.

4. c) Aquello que es común al conjunto de los funcionarios de todas las Administraciones Públicas, más las normas legales específicas aplicables al personal laboral a su servicio.

5. c) El personal estatutario de los servicios de salud.

6. c) Supletorio.

7. c) Personal de las Fuerzas y Cuerpos de Seguridad.

8. a) La jerarquía en la atribución, ordenación y desempeño de las funciones y tareas.

9. c) Las Universidades públicas.

10. b) A los Empleados públicos.

11. d) Funcionario eventual.

12. c) En el ejercicio de las potestades públicas.

13. b) El Derecho Administrativo.

14. c) 4 años.

15. c) Sí, en cuanto sea adecuado a la naturaleza de su condición y al carácter extraordinario y urgente de su nombramiento, salvo aquellos derechos inherentes a la condición de funcionario de carrera.

16. c) Superior a 3 años, ampliable hasta doce meses más por las leyes de Función Pública que se dicten en desarrollo del TR-LEBEP.

17. c) Urgencia.

18. d) Eventual.

19. b) Asesoramiento especial.

20. c) Cuando se produzca el cese de la autoridad a la que se preste la función de confianza o asesoramiento.

Ley 31/1995 de 8 de noviembre, de Prevención de Riesgos Laborales: Objeto, ámbito de aplicación y definiciones (Capítulo I) Derechos y obligaciones. Servicios de Prevención. Consulta y participación de los trabajadores. Salud Laboral: Concepto. Condiciones físico-ambientales del trabajo. Accidentes de riesgo biológico. Enfermedades profesionales de mayor incidencia actualmente en la población española

1. Los representantes de los trabajadores con competencia en materia de prevención de riesgos laborales son:

a) Los miembros de la Junta de personal, Junta Facultativo y Junta de Enfermería.
b) Los técnicos de prevención de riesgos laborales.
c) El Servicio de Medicina Preventiva.
d) Los delegados de prevención.

2. Qué se entiende por "riesgo laboral":

a) La posibilidad de que un trabajador sufra un determinado daño derivado del trabajo.
b) La posibilidad de que un trabajador sufra una enfermedad en el trabajo.
c) La posibilidad de que un trabajador sufra acoso.
d) El riesgo que supone el ir a trabajar.

3. ¿Quién debe garantizar a los trabajadores la vigilancia periódica de su estado de salud en función de los riesgos inherentes al trabajo?

a) La Inspección de Trabajo.
b) El propio trabajador.
c) El empresario.
d) Las secciones sindicales.

4. El derecho básico reconocido a los trabajadores por la Ley 31/1995, de 8 de noviembre, es:

a) La vigilancia de su estado de salud.
b) Una protección eficaz en materia de seguridad y salud en el trabajo.
c) La formación en materia preventiva.
d) La información, consulta y participación.

5. Indica cuál es la definición de prevención:

a) La probabilidad racional de que un riesgo se materialice de forma inminente.
b) El estudio de los procesos potencialmente peligrosos para el trabajo.
c) Conjunto de actividades o medidas adoptadas o previstas en todas las fases de actividad de la empresa con el fin de evitar o disminuir los riesgos derivados del trabajo.
d) Posibilidad de que un trabajador sufra un determinado daño derivado del trabajo.

6. Señale la respuesta incorrecta:

a) La Ley de Prevención de Riesgos Laborales se aplica a los operativos de Seguridad civil en casos de catástrofe.
b) La Ley de Prevención de Riesgos Laborales se aplica a las sociedades cooperativas.
c) En el ámbito de la relación laboral de carácter especial del servicio del hogar familiar, las personas trabajadoras tienen derecho a una protección eficaz en materia de seguridad y salud en el trabajo.
d) En los establecimientos penitenciarios, se adaptarán a la Ley de Prevención de Riesgos Laborales aquellas actividades cuyas características justifiquen una regulación especial.

7. ¿Cuál es la vigente Ley de Prevención de Riesgos Laborales?

a) Ley 32/1995, de 8 de noviembre.
b) Ley 30/1996, de 8 de noviembre.
c) Ley 31/1995, de 6 de noviembre.
d) Ley 31/1995, de 8 de noviembre

8. Entre los principios de la acción preventiva recogidos por el artículo 15 de la Ley de Prevención de Riesgos Laborales, no figura:

a) Evitar los riesgos.
b) Evaluar los riesgos que se puedan evitar.
c) Tener en cuenta la evolución de la técnica.
d) Dar las debidas instrucciones a los trabajadores.

9. ¿Cuántos delegados de prevención se deberán elegir en empresas entre 3001 y 4000 trabajadores?

a) 5.
b) 6.

c) 7.
d) 8.

10. En las empresas de hasta 30 trabajadores el Delegado de Prevención será:

a) El propio empresario.
b) El trabajador más antiguo.
c) El trabajador de mayor cualificación.
d) El delegado de personal.

11. Entre las obligaciones de los trabajadores recogidas por la Ley de Prevención de Riesgos Laborales, no figura:

a) Informar directamente al empresario de cualquier situación que entrañe riesgo para la seguridad o salud de los trabajadores.
b) Contribuir al cumplimiento de las obligaciones establecidas por la autoridad competente con el fin de proteger la seguridad y la salud de los trabajadores en el trabajo.
c) Cooperar con el empresario para que éste pueda garantizar unas condiciones de trabajo que sean seguras y no entrañen riesgos para la seguridad y la salud de los trabajadores.
d) Utilizar correctamente los medios y equipos de protección facilitados por el empresario, de acuerdo con las instrucciones recibidas de éste.

12. El empresario deberá constituir un servicio de prevención propio siempre que se trate de empresas que cuenten con:

a) Más de 500 trabajadores.
b) Menos de 250 trabajadores.
c) Más de 250 trabajadores.
d) Más de 250 y menos de 500 trabajadores.

13. Cuando los trabajadores estén expuestos a un riesgo grave e inminente con ocasión de su trabajo, y el empresario no adopte o no permita la adopción de las medidas necesarias para garantizar la seguridad y la salud de los trabajadores, la Ley 31/1995, de 8 de noviembre, de Prevención de Riesgos Laborales prevé:

a) Los trabajadores afectados podrán paralizar la actividad.
b) El órgano de representación del personal instará formalmente al empresario a la adopción de las medidas necesarias.
c) Los Delegados de Prevención lo comunicarán a la autoridad laboral, que adoptará las medidas necesarias.
d) El órgano de representación de personal podrá acordar la paralización de la actividad.

14. Según establece el art. 4 de la Ley 31/1995, de 8 de noviembre, de Prevención de Riesgos Laborales, se define como daños derivados del trabajo.

a) La posibilidad de que un trabajador sufra un determinado daño derivado del trabajo.
b) El que resulte probable racionalmente que se materialice en un futuro inmediato y pueda suponer y pueda suponer un daño grave para la salud de los trabajadores.

c) Las enfermedades, patologías o lesiones sufridas con motivo u ocasión del trabajo.

d) Cualquier máquina, aparato, instrumento o instalación utilizada en el trabajo.

15. Según recoge el artículo 4 de la Ley 31/1995, quedan específicamente incluidas en la definición de condición de trabajo:

a) Las características particulares de los locales, instalaciones, equipos, productos y demás útiles existentes en el centro de trabajo.

b) La naturaleza de los agentes físicos, químicos y biológicos presentes en el ambiente de trabajo y sus correspondientes intensidades, concentraciones o niveles de presencia.

c) Los procedimientos para la utilización de los agentes citados anteriormente que no influyan en la generación de los riesgos mencionados.

d) Todas aquellas otras características del trabajo, excluidas las relativas a su organización y ordenación, que influyan en la magnitud de los riesgos a que esté expuesto el trabajador.

16. Los instrumentos esenciales para la gestión y aplicación del Plan de prevención de riesgos laborales son:

a) La evaluación de riesgos y la planificación de la actividad preventiva.

b) La evaluación inicial de riesgos y la formación.

c) La planificación y la gestión de la actividad preventiva.

d) La identificación y la evaluación de los riesgos.

17. El posible cambio de puesto de trabajo con riesgo para una trabajadora embarazada:

a) Deberá realizarse en caso de imposibilidad de adaptación del propio puesto.

b) Se hará previo informe en tal sentido del Servicio de Prevención.

c) Se determinará por el empresario, y dará información a los representantes de los trabajadores.

d) Se extenderá al período de lactancia.

18. La prevención de riesgos laborales deberá integrarse en el sistema general de gestión de la empresa a través de:

a) La política preventiva.

b) El plan de prevención.

c) El consenso de las partes.

d) El poder de decisión del empresario.

19. El objeto y carácter de la norma de la Ley 31/95 de Prevención de Riesgos Laborales dice:

a) La presente Ley tiene por objeto promover la salud de los trabajadores mediante la aplicación de medidas y el desarrollo de las actividades necesarias para la prevención de riesgos derivados del trabajo.

b) La presente Ley tiene por objeto promover la seguridad y la salud de los trabajadores mediante la aplicación de medidas y el desarrollo de las actividades necesarias para la prevención de riesgos derivados del trabajo.

c) La presente Ley tiene por objeto promover la seguridad de los trabajadores mediante la aplicación de medidas y el desarrollo de las actividades necesarias para la prevención de riesgos derivados del trabajo.

d) La presente Ley tiene por objeto promover la seguridad, la salud de los trabajadores y la negociación entre empresa y delegados de prevención, mediante la aplicación de medidas y el desarrollo de las actividades necesarias para la prevención de riesgos derivados del trabajo.

20. ¿Cuándo se deben utilizar los equipos de protección individual?

a) Siempre.

b) Cuando los riesgos no hayan sido evaluados.

c) Cuando los riesgos no se puedan evitar o no puedan limitarse.

d) Cuando el trabajador lo estime oportuno.

En MADTEST tienes **más preguntas de este tema**, y todos tus avances quedan registrados y se reflejan en el ranking.

¡Supera tus límites con MADTEST!

Solución al test n.º 6

1. d) Los delegados de prevención.

2. a) La posibilidad de que un trabajador sufra un determinado daño derivado del trabajo.

3. c) El empresario.

4. b) Una protección eficaz en materia de seguridad y salud en el trabajo.

5. c) Conjunto de actividades o medidas adoptadas o previstas en todas las fases de actividad de la empresa con el fin de evitar o disminuir los riesgos derivados del trabajo.

6. a) La Ley de Prevención de Riesgos Laborales se aplica a los operativos de Seguridad civil en casos de catástrofe.

7. d) Ley 31/1995, de 8 de noviembre

8. b) Evaluar los riesgos que se puedan evitar.

9. c) 7.

10. d) El delegado de personal.

11. a) Informar directamente al empresario de cualquier situación que entrañe riesgo para la seguridad o salud de los trabajadores.

12. a) Más de 500 trabajadores.

13. d) El órgano de representación de personal podrá acordar la paralización de la actividad.

14. c) Las enfermedades, patologías o lesiones sufridas con motivo u ocasión del trabajo.

15. b) La naturaleza de los agentes físicos, químicos y biológicos presentes en el ambiente de trabajo y sus correspondientes intensidades, concentraciones o niveles de presencia.

16. a) La evaluación de riesgos y la planificación de la actividad preventiva.

17. a) Deberá realizarse en caso de imposibilidad de adaptación del propio puesto.

18. b) El plan de prevención.

19. b) La presente Ley tiene por objeto promover la seguridad y la salud de los trabajadores mediante la aplicación de medidas y el desarrollo de las actividades necesarias para la prevención de riesgos derivados del trabajo.

20. c) Cuando los riesgos no se puedan evitar o no puedan limitarse.

TEST N.º 7

Ley Orgánica 3/2018, de 5 de diciembre, de Protección de Datos Personales y garantía de los derechos digitales: objeto, ámbito de aplicación y principios; derechos de las personas. La Agencia Española de Protección de Datos

1. Es correcto, conforme a la disposición adicional 3ª de la LO 3/2018, que:

a) Cuando los plazos se señalen por días, se entiende que estos son naturales.

b) Si el plazo se fija en semanas, concluirá el día anterior al día de la semana en que se produjo el hecho que determina su iniciación en la semana de vencimiento.

c) Si el plazo se fija en años, concluirá el mismo día en que se produjo el hecho que determina su iniciación en el año de vencimiento.

d) Cuando el último día del plazo sea inhábil, se entenderá adelantado al último día hábil anterior.

2. ¿Qué título de la LO 3/2018, de 5 de diciembre, de Protección de Datos Personales y garantía de los derechos digitales, se refiere a los principios de la protección de datos?

a) Título I.
b) Título II.
c) Título III.
d) Título IV.

3. Según el artículo 3 de la LO 3/2018, los requisitos y condiciones para acreditar la validez y vigencia de los mandatos e instrucciones de las personas fallecidas respecto al acceso a los datos personales de éstas por parte de las personas o instituciones que designaran expresamente, serán establecidos:

a) Por medio de una Directiva europea.
b) Por Ley estatal.
c) Por Ley autonómica.
d) Por Real Decreto.

4. El artículo 4 de la LO 3/2018 señala que, conforme al artículo 5.1.d) del Reglamento (UE) 2016/679, los datos serán exactos y, si fuere necesario:

a) Actualizados.
b) Aproximos.
c) Normalizados.
d) Digitalizados.

5. Conforme al artículo 5.1 de la LO 3/2018, estarán sujetas al deber de confidencialidad:

a) Únicamente los responsables del tratamiento.
b) Los responsables y encargados del tratamiento.
c) Los responsables y encargados del tratamiento de datos así como todas las personas que intervengan en cualquier fase de este.
d) Los responsables y encargados del tratamiento de datos así como todas las personas que intervengan en todas las fases de este.

6. Conforme a los artículos 4.11 del RGPD y 6.1 de la LO 3/2018, se entiende por consentimiento del afectado la aceptación, ya sea mediante una declaración o una clara acción afirmativa, del tratamiento de datos personales que le conciernen manifestada por voluntad libre, de forma específica, informada e/y:

a) Detallada.
b) Unitaria.
c) Inequívoca.
d) Por escrito.

7. Cuando se pretenda fundar el tratamiento de los datos en el consentimiento del afectado para una pluralidad de finalidades:

a) Será preciso que conste de manera específica e inequívoca que dicho consentimiento se otorga para todas ellas.
b) Será necesario demostrar que el afectado consintió expresamente e inequívocamente en alguna de las finalidades y, que el resto de finalidades están claramente relacionadas con aquella.
c) El responsable debe demostrar la adecuación de las distintas finalidades a un único objeto.
d) El consentimiento del afectado sólo puede afectar a una finalidad. Cada finalidad precisa un consentimiento propio e independiente.

8. Conforme al principio de limitación de la finalidad, los datos personales serán recogidos con fines determinados, explícitos y:

a) Limitados.
b) Transparentes.

c) Compatibles.
d) Legítimos.

9. Según el artículo 8.1 de la LO 3/2018, el tratamiento de datos personales solo podrá considerarse fundado en el cumplimiento de una obligación legal exigible al responsable:

a) Cuando así lo prevea una norma de Derecho de la Unión Europea o una norma con rango de ley.
b) Cuando el tratamiento se considere una misión realizada en interés público.
c) Cuando se trate del ejercicio de poderes públicos conferidos al responsable.
d) Cuando el responsable sea un órgano u organismo público.

10. Conforme al artículo 9 de la LO 3/2018, de 5 de diciembre, de Protección de Datos Personales y garantía de los derechos digitales, cuál de los siguientes trata-mientos de categorías especiales de datos fundados en el Derecho español deberá estar amparado en una norma con rango de ley:

a) Tratamiento necesario con fines de archivo en interés público, fines de investiga-ción científica o histórica.
b) Tratamiento efectuado, en el ámbito de sus actividades legítimas y con las debidas garantías, por una fundación, una asociación o cualquier otro organismo sin ánimo de lucro, cuya finalidad sea política, filosófica, religiosa o sindical, siempre que el tratamiento se refiera exclusivamente a los miembros actuales o antiguos de tales organismos o a per-sonas que mantengan contactos regulares con ellos en relación con sus fines y siempre que los datos personales no se comuniquen fuera de ellos sin el consentimiento de los interesados.
c) Tratamiento necesario para fines de medicina preventiva o laboral, evaluación de la capacidad laboral del trabajador, diagnóstico médico, prestación de asistencia o tra-tamiento de tipo sanitario o social, o gestión de los sistemas y servicios de asistencia sanitaria y social.
d) Tratamiento referido a datos personales que el interesado ha hecho manifiesta-mente públicos.

11. Uno de los objetos de la Ley Orgánica 3/2018, de 5 de diciembre, de Protec-ción de Datos Personales y garantía de los derechos digitales, es:

a) Adaptar el ordenamiento jurídico español al Reglamento General de Protección de Datos y completar sus disposiciones.
b) Establecer las normas relativas a la protección de las personas físicas en lo que res-pecta al tratamiento de los datos personales y las normas relativas a la libre circulación de tales datos.
c) Adaptar el Reglamento General de Protección de Datos al ordenamiento jurídico español y completar sus disposiciones.
d) Garantizar la seguridad de la transferencia de datos entre países de la Unión Europea.

12. La LO 3/2018, de 5 de diciembre, de Protección de Datos Personales y garantía de los derechos digitales, tiene por objeto garantizar los derechos digitales de la ciudadanía conforme al mandato del artículo de la Constitución:

a) 9.2.
b) 10.1.
c) 18.4.
d) 20.4.

13. Señala la opción incorrecta. Conforme al artículo 11.3 de la LO 3/2018, la información básica que el responsable del tratamiento ha de facilitar al afectado, cuando los datos personales se hayan obtenido de éste, debe contener obligatoriamente:

a) La finalidad del tratamiento.
b) La identidad del responsable del tratamiento y de su representante, en su caso.
c) La posibilidad de ejercer los derechos establecidos en los artículos 15 a 22 del RGPD.
d) Las categorías de datos objeto de tratamiento.

14. Según el artículo 7.1 de la LO 3/2018, el tratamiento de los datos personales de un menor de edad únicamente podrá fundarse en su consentimiento cuando sea mayor de:

a) 12 años.
b) 13 años.
c) 14 años.
d) 16 años.

15. El derecho a la portabilidad de los datos:

a) Se podrá aplicar a los tratamientos que sean necesario para el cumplimiento de una misión realizada en interés público o en el ejercicio de poderes públicos conferidos al responsable del tratamiento.
b) A diferencia de otros derechos, podrá afectar negativamente a los derechos y libertades de otros.
c) Supone la obligación de que, en todo caso, los datos personales se transmitan directamente de responsable a responsable.
d) Requiere que el tratamiento se efectúe por medios automatizados.

16. Conforme al artículo 12 de la LO 3/2018, los derechos reconocidos en los artículos 15 a 22 del RGPD:

a) Sólo podrán ser ejercidos directamente por el afectado.
b) Deberán ejercerse bien directamente por el afectado o por representante legal.
c) Deberán ejercerse bien directamente por el afectado o por representante voluntario.
d) Podrán ejercerse directamente o por medio de representante legal o voluntario.

17. Según el artículo 12.4 de la LO 3/2018, la prueba del cumplimiento del deber de responder a la solicitud de ejercicio de sus derechos formulado por el afectado recaerá:

a) Sobre el responsable del tratamiento.
b) Sobre el encargado del tratamiento.
c) Bien sobre el responsable o bien sobre el encargado.
d) Sobre el representante legal del afectado.

18. En virtud del artículo 12 de la LO 3/2018 es cierto, en relación a los medios para que el afectado pueda ejercer sus derechos, que:

a) El encargado del tratamiento estará obligado a informar al afectado sobre los medios a su disposición para ejercer los derechos que le corresponden.
b) Los medios deberán ser consensuados con los afectados antes de poner en marcha el tratamiento.
c) Los medios deberán ser fácilmente accesibles para el afectado.
d) El ejercicio del derecho podrá ser denegado cuando el afectado opte por otro medio.

19. Señala la opción incorrecta. El artículo 15 del RGPD dispone que el interesado tendrá derecho a obtener del responsable del tratamiento confirmación de si se están tratando o no datos personales que le conciernen y, en tal caso, derecho de acceso a los datos personales y a información sobre la existencia de decisiones automatizadas, incluida la elaboración de perfiles, y, al menos en tales casos, información significativa sobre:

a) Los demás interesados afectados por las decisiones.
b) La lógica aplicada.
c) La importancia del tratamiento.
d) Las consecuencias previstas de dicho tratamiento.

20. Conforme al artículo 16 del RGPD, teniendo en cuenta los fines del tratamiento, el interesado tendrá derecho a que se completen los datos personales que sean incompletos, inclusive mediante:

a) Levantamiento de acta.
b) Certificación de modificación.
c) Una declaración adicional.
d) Elaboración de anexos.

En MADTEST tienes **más preguntas de este tema**, y todos tus avances quedan registrados y se reflejan en el ranking.

¡Supera tus límites con MADTEST!

Solución al test n.º 7

1. c) Si el plazo se fija en años, concluirá el mismo día en que se produjo el hecho que determina su iniciación en el año de vencimiento.

2. b) Título II.

3. d) Por Real Decreto.

4. a) Actualizados.

5. c) Los responsables y encargados del tratamiento de datos así como todas las personas que intervengan en cualquier fase de este.

6. c) Inequívoca.

7. a) Será preciso que conste de manera específica e inequívoca que dicho consentimiento se otorga para todas ellas.

8. d) Legítimos.

9. a) Cuando así lo prevea una norma de Derecho de la Unión Europea o una norma con rango de ley.

10. c) Tratamiento necesario para fines de medicina preventiva o laboral, evaluación de la capacidad laboral del trabajador, diagnóstico médico, prestación de asistencia o tratamiento de tipo sanitario o social, o gestión de los sistemas y servicios de asistencia sanitaria y social.

11. a) Adaptar el ordenamiento jurídico español al Reglamento General de Protección de Datos y completar sus disposiciones.

12. c) 18.4.

13. d) Las categorías de datos objeto de tratamiento.

14. c) 14 años.

15. d) Requiere que el tratamiento se efectúe por medios automatizados.

16. d) Podrán ejercerse directamente o por medio de representante legal o voluntario.

17. a) Sobre el responsable del tratamiento.

18. c) Los medios deberán ser fácilmente accesibles para el afectado.

19. a) Los demás interesados afectados por las decisiones.

20. c) Una declaración adicional.

Ley 2/2011, de 11 de marzo, para la igualdad efectiva de mujeres y hombres y la erradicación de la violencia de género. Título Preliminar: objeto, ámbito de aplicación y conceptos; La integración del principio de igualdad entre mujeres y hombres en la salud (Artículo 20); Igualdad en el empleo público (Capítulo II-Título III)

1. ¿En qué artículo constitucional se proclama el derecho a la igualdad?

a) 1.
b) 14.
c) 23.
d) 43.

2. El objeto de la Ley 2/2011 lo constituye:

a) Remover los obstáculos para que la libertad y la igualdad del individuo y de los grupos en que se integra sean efectivas y reales.
b) Reforzar e impulsar la estrategia del enfoque integrado de género.
c) Garantizar la efectiva igualdad de derechos, trato y oportunidades entre mujeres y hombres.
d) Todas las anteriores.

3. La Ley promueve la presencia equilibrada de mujeres y hombres:

a) En el ámbito público exclusivamente.
b) En las relaciones sociales.
c) En los ámbitos tanto público como privado.
d) En las personas jurídicas y entidades siempre que cuenten con participación pública.

4. La Ley aboga por que el principio de igualdad de trato y de oportunidades se aplique de forma:

a) Solidaria.
b) Transversal.

c) Coordinada.
d) Empoderada.

5. La ausencia de toda discriminación por razón de sexo, y, especialmente, las derivadas de la maternidad, la asunción de obligaciones familiares y el estado civil es lo que se denomina

a) Discriminación directa.
b) Discriminación positiva.
c) Discriminación indirecta.
d) Igualdad de trato.

6. Se considera "acoso por razón de sexo":

a) La violencia como manifestación de la discriminación, la situación de desigualdad y las relaciones de poder de los hombres sobre las mujeres.
b) La discriminación, directa o indirecta, por razón de sexo, especialmente, derivada de la maternidad, la asunción de obligaciones familiares y el estado civil.
c) El comportamiento realizado en función del sexo de una persona, con el propósito de atentar contra su dignidad.
d) Cualquiera de las situaciones anteriores.

7. Se denomina "integración del principio de igualdad entre mujeres y hombres en la salud":

a) Al mantenimiento y mejora del nivel de salud de mujeres y hombres promoviendo la desaparición de las desigualdades de género en el campo de la salud.
b) Al derecho a la información referente al lugar de prestación de los servicios de atención, emergencia, apoyo y recuperación integral.
c) Al reconocimiento del derecho a la atención, emergencia, apoyo y acogida y recuperación integral de las mujeres víctimas de violencia de género.
d) A la defensa y representación gratuitas por abogado y procurador en todos los procesos y procedimientos administrativos que tengan causa directa o indirecta en la violencia padecida.

8. ¿Qué medidas prevé la Ley para la detección, atención y apoyo a las mujeres víctimas de violencia de género?

a) La asistencia de la Policía Judicial.
b) La Elaboración de protocolos de atención y coordinación.
c) La tipicidad de delitos en el ámbito preventivo.
d) La prestación de medidas de carácter económico.

9. Para garantizar la igualdad en el empleo público, se prevé legalmente que la Administración del Principado de Asturias:

a) Promueva la presencia equilibrada de mujeres y hombres en los órganos de selección y valoración.

b) Facilite la conciliación de la vida personal, familiar y laboral, con menoscabo de la promoción profesional.

c) Establezca medidas para potenciar cualquier discriminación retributiva, directa o indirecta, por razón de sexo.

d) Cualquiera de las anteriores.

10. ¿Qué órgano del Principado de Asturias corresponde la aprobación del Plan de Igualdad en la Administración?

a) A la persona titular de la Consejería competente en materia de políticas de Igualdad.

b) A la persona titular de la Consejería competente en materia de función pública.

c) Al Presidente del Principado de Asturias.

d) Al Consejo de Gobierno.

11. ¿Y quién se encarga de hacer la propuesta para su aprobación?

a) Unidad de Selección de Personal.

b) Subdirección de Evaluación y Planificación de Recursos Humanos.

c) Subdirección de Profesionales.

d) Oficina de Coordinación de Prevención de Riesgos Laborales y Salud Laboral.

12. ¿Y la evaluación de su cumplimiento?

a) El Instituto Asturiano de la Mujer.

b) La persona titular de la Consejería competente en materia de función pública.

c) La persona titular de la Consejería competente en materia de políticas de Igualdad.

d) Las personas a que se refieren las letras b y c, conjuntamente.

13. El eje "Cultura de la organización" del I Plan de Igualdad de la Administración del Principado de Asturias, contiene los objetivos a alcanzar para:

a) La visibilización de las desigualdades.

b) La presencia de la mujer en los centros de poder.

c) La implantación de sistemas de sistemas estratégicos transversales.

d) La integración del principio de igualdad.

14. La celebración de reuniones dentro del horario fijo de trabajo: de 9:00 a 14.00 horas es un objetivo recogido en el del I Plan de Igualdad de la Administración del Principado de Asturias dentro del eje dedicado a:

a) Los procesos de trabajo.

b) Las personas.

c) La cultura de la organización.
d) Ninguna es correcta.

15. La integración de la perspectiva de género en los procesos habituales de trabajo es un objetivo del I Plan de Igualdad recogido en el eje de:

a) Los procesos de trabajo.
b) La cultura de la organización.
c) Las medidas transversales.
d) Las personas.

16. ¿Cuál de los siguientes elementos puede ser causa de discriminación según el principio de igualdad de trato?

a) Nacionalidad.
b) Maternidad.
c) Nivel de estudios.
d) Lugar de residencia.

17. ¿Cuál es uno de los objetivos principales del Principado de Asturias en el ámbito de la salud?

a) Incrementar la inversión en tecnología sanitaria exclusivamente femenina.
b) Promover la desaparición de las desigualdades de género en la salud.
c) Garantizar atención médica solo para mujeres víctimas de violencia de género.
d) Priorizar enfermedades cardiovasculares en población masculina.

18. ¿Qué eje del I Plan de Igualdad se refiere a la integración del principio de igualdad en la cultura organizacional?

a) El eje de procesos de trabajo.
b) El eje de políticas públicas.
c) El eje de cultura de la organización.
d) El eje normativo.

19. ¿Qué herramienta se pondrá en marcha para facilitar la conciliación en el empleo público?

a) Reducción obligatoria de jornada para mujeres.
b) Un sistema de guarderías internas.
c) Una bolsa de horas para cubrir necesidades de conciliación.
d) Exención de guardias para el personal con hijos.

20. ¿Qué finalidad tiene el análisis de datos desagregados por sexo?

a) Reforzar las estadísticas nacionales exclusivamente.
b) Comprobar la eficiencia financiera de la Administración.
c) Conocer la situación diferenciada de mujeres y hombres.
d) Estudiar la natalidad y la fecundidad de la región.

En MADTEST tienes **más preguntas de este tema**, y todos tus avances quedan registrados y se reflejan en el ranking.

¡Supera tus límites con MADTEST!

Solución al test n.º 8

1. b) 14.

2. c) Garantizar la efectiva igualdad de derechos, trato y oportunidades entre mujeres y hombres.

3. c) En los ámbitos tanto público como privado.

4. b) Transversal.

5. d) Igualdad de trato.

6. c) El comportamiento realizado en función del sexo de una persona, con el propósito de atentar contra su dignidad.

7. a) Al mantenimiento y mejora del nivel de salud de mujeres y hombres promoviendo la desaparición de las desigualdades de género en el campo de la salud.

8. b) La Elaboración de protocolos de atención y coordinación.

9. a) Promueva la presencia equilibrada de mujeres y hombres en los órganos de selección y valoración.

10. d) Al Consejo de Gobierno.

11. d) Oficina de Coordinación de Prevención de Riesgos Laborales y Salud Laboral.

12. d) Las personas a que se refieren las letras b y c, conjuntamente.

13. d) La integración del principio de igualdad.

14. b) Las personas.

15. a) Los procesos de trabajo.

16. b) Maternidad.

17. b) Promover la desaparición de las desigualdades de género en la salud.

18. c) El eje de cultura de la organización.

19. c) Una bolsa de horas para cubrir necesidades de conciliación.

20. c) Conocer la situación diferenciada de mujeres y hombres.

TEST N.º 9

Ley 7/2019, de 29 de marzo, de Salud. Estructura orgánica y funcionamiento (Sección Primera, Capítulo Dos del Título IX). Organización territorial del Servicio de Salud del Principado de Asturias (Capítulo III del Decreto 189/2023, de 15 de septiembre, por el que se establece la estructura orgánica básica de los órganos de dirección y gestión del Servicio de Salud del Principado de Asturias)

1. El Sespa es:

a) Un organismo autónomo.
b) Un Ente de Derecho Público.
c) Una Fundación.
d) Un Ente de Derecho Público dotado de personalidad jurídica plena.

2. El principal instrumento de planificación territorial sanitaria de la Comunidad Autónoma asturiana para la correcta asignación de los recursos, incluyendo la sectorización de los servicios, es:

a) Los distritos de Salud.
b) Las Áreas sanitarias.
c) El Mapa sanitario.
d) Zonas Especiales de salud.

3. El Sistema Sanitario del Principado de Asturias se ordena en demarcaciones territoriales denominadas:

a) Zonas Básicas de Salud.
b) Las Áreas sanitarias.
c) Áreas de Salud.
d) Los distritos de Salud.

4. ¿Cuándo pueden constituirse Zonas Especiales de Salud en Asturias?

a) Cuando no existan Áreas de Salud.

b) Cuando concurran singulares condiciones socioeconómicas, demográficas y de comunicaciones.

c) Cuando además del equipo de atención primaria coexistan en la zona equipos de atención especializada.

d) Cuando no se aconseje constituir Distritos de Salud.

5. ¿Quién asume la presidencia del Consejo de Administración del Servicio de Salud del Principado de Asturias?

a) El Director Gerente.

b) El Secretario General.

c) El Consejero competente en materia de sanidad.

d) Ninguna es correcta.

6. ¿Cuántos Vocales designados por las Consejerías competentes en materia de función pública y en materia económica y presupuestaria componen el Consejo de Administración del Sespa?

a) Cuatro.

b) Tres.

c) Dos.

d) Uno.

7. La Memoria Anual del Sespa la aprueba:

a) El Consejero competente en materia de Sanidad.

b) La Dirección Gerencia.

c) El Consejo de Dirección.

d) El Consejo de Administración.

8. ¿Quién ostenta la representación legal del Sespa en todo tipo de actuaciones judiciales y extrajudiciales?

a) El Consejo de Administración.

b) La Dirección Gerencia.

c) El Consejo de Dirección.

d) El Consejo de Salud de Zona.

9. El órgano de participación comunitaria en el Área de Salud se denomina:

a) Consejo de Salud de Zona.

b) Gerencia del Área de Salud.

c) Consejo de Dirección.

d) Consejo de Salud de Área.

10. ¿Qué órgano es el encargado de nombrar al personal estatutario y contratar al personal laboral del Sespa?

a) El Consejo de Dirección.

b) El Director Gerente.

c) El Consejo de Administración.

d) El consejero competente en materia de Sanidad.

11. ¿A quién le corresponde la promoción de protocolos de actuación que garanticen la máxima eficacia y eficiencia ante problemas relevantes de salud de la población?

a) A la Dirección de atención y evaluación sanitaria.

b) A la Dirección de Profesionales.

c) A la Dirección Económico-financiera y de infraestructuras.

d) A la Dirección de Coordinación, Resultados en Salud y Comunicación.

12. La Unidad de Coordinación del Programa Marco de Atención a Urgencias y Emergencias Sanitarias, se adscribe a:

a) La Dirección de Profesionales.

b) La Dirección Económico-financiera y de infraestructuras.

c) La Dirección de Coordinación, Resultados en Salud y Comunicación.

d) La Dirección de atención y evaluación sanitaria.

13. Subdirección de Organización de Servicios Sanitarios asume la función de:

a) Seguimiento de la implantación de los planes de cuidados.

b) Coordinación y desarrollo de los planes y estrategias de cuidados en el conjunto de centros y unidades del Sespa.

c) Desarrollo y aplicación de medidas de promoción de la salud.

d) Coordinación, evaluación y control de las actividades asistenciales de las Áreas de Salud.

14. La función de instruir los procedimientos disciplinarios al personal de las instituciones y centros sanitarios públicos dependientes del Sespa corresponde:

a) A la Dirección de profesionales.

b) A la Subdirección de Organización de Servicios Sanitarios.

c) Al Servicio de Inspección.

d) A la Subdirección de Organización de Servicios Sanitarios.

15. Indique la opción correcta en relación a la Dirección de Profesionales:

a) Tiene como función la gestión de la prestación farmacéutica de las Áreas de Salud.
b) Le corresponde elaborar los criterios y especificaciones técnicas para incorporar y adquirir medicamentos.
c) De esta Dirección depende la Subdirección de Profesionales.
d) La identificación de propuestas orientadas a optimizar la gestión y funcionamiento de las instalaciones que integran el Sespa.

16. La Unidad de Selección de Personal se configura en:

a) La Subdirección de Evaluación y Planificación de Recursos Humanos.
b) La Unidad de Costes y Sistemas de Información de Personal.
c) El Servicio de Inspección.
d) Oficina de Coordinación de Prevención de Riesgos Laborales y Salud Laboral.

17. Corresponde a la Dirección de Gestión Económico-Financiera y de Infraestructuras las siguientes funciones:

a) La aplicación, en el ámbito del Sespa, de las políticas económico-financieras y de aprovisionamiento y distribución de bienes y servicios necesarios para la actividad de atención sanitaria.
b) El asesoramiento a la Dirección Gerencia en la elaboración del anteproyecto de presupuesto y modificaciones presupuestarias del Sespa.
c) El control, seguimiento y evaluación de la ejecución del presupuesto del Sespa.
d) Todas son correctas.

18. La Dirección Económico-Financiera y de Infraestructuras se estructura en la unidad de:

a) Subdirección de Gestión.
b) Oficina de Coordinación de Prevención de Riesgos Laborales y Salud Laboral.
c) Unidad de Costes y Sistemas de Información de Personal.
d) Ninguna es correcta.

19. La coordinación en materia de prevención de riesgos laborales en el ámbito del Sespa, sin perjuicio de las competencias atribuidas a otros organismos, es una competencia de:

a) Unidad de Selección de Personal.
b) Subdirección de Evaluación y Planificación de Recursos Humanos.
c) Subdirección de Profesionales.
d) Oficina de Coordinación de Prevención de Riesgos Laborales y Salud Laboral.

20. Indique cuál de las siguientes funciones corresponde a la Dirección de Gestión Económico-Financiera y de Infraestructuras:

a) La definición funcional, explotación y control de los sistemas de información necesarios para el ejercicio de sus funciones.

b) El establecimiento de los criterios del aprovisionamiento y gestión logística del Sespa y de las líneas generales de compras de suministros y servicios en el ámbito de su competencia.

c) El impulso y coordinación de las acciones de implantación de sistemas de información que resulten derivados de la planificación estratégica definida por la Consejería.

d) Todas son correctas.

En MADTEST tienes **más preguntas de este tema**, y todos tus avances quedan registrados y se reflejan en el ranking.

¡Supera tus límites con MADTEST!

Solución al test n.º 9

1. b) Un Ente de Derecho Público.

2. c) El Mapa sanitario.

3. c) Áreas de Salud.

4. b) Cuando concurran singulares condiciones socioeconómicas, demográficas y de comunicaciones.

5. c) El Consejero competente en materia de sanidad.

6. c) Dos.

7. d) El Consejo de Administración.

8. b) La Dirección Gerencia.

9. d) Consejo de Salud de Área.

10. b) El Director Gerente.

11. a) A la Dirección de atención y evaluación sanitaria.

12. d) La Dirección de atención y evaluación sanitaria.

13. d) Coordinación, evaluación y control de las actividades asistenciales de las Áreas de Salud.

14. c) Al Servicio de Inspección.

15. c) De esta Dirección depende la Subdirección de Profesionales.

16. a) La Subdirección de Evaluación y Planificación de Recursos Humanos.

17. d) Todas son correctas.

18. a) Subdirección de Gestión.

19. d) Oficina de Coordinación de Prevención de Riesgos Laborales y Salud Laboral.

20. d) Todas son correctas.

TEST PARTE ESPECÍFICA

TEST N.º 10

Epidemiología de las enfermedades transmisibles. Infección nosocomial: barreras higiénicas. Medidas de prevención y control. Equipos de protección individual. Asepsia y esterilización. Concepto de sepsis, asepsia, esterilización y desinfección. Limpieza, desinfección y esterilización en radiología. Manejo de materiales estériles. Limpieza y desinfección de los equipos de radiodiagnóstico

1. ¿Qué se entiende por portador sano en epidemiología?

a) Persona que transmite una enfermedad sin presentar síntomas.
b) Persona curada que ya no transmite la enfermedad.
c) Persona que presenta síntomas leves.
d) Persona que ha sido vacunada recientemente.

2. ¿Cuál de las siguientes medidas pertenece a la prevención secundaria?

a) Vacunación.
b) Screening o cribado.
c) Rehabilitación funcional.
d) Aislamiento respiratorio.

3. ¿Cuál es el principal agente etiológico de la neumonía nosocomial?

a) *Pseudomonas aeruginosa*.
b) Herpes zóster.
c) Bacillus cereus.
d) Virus del sarampión.

4. ¿Qué enfermedad requiere aislamiento estricto?

a) Herpes simple labial.
b) Rubéola congénita.

c) Tuberculosis cutánea.

d) Sarampión leve.

5. ¿Cuál de las siguientes enfermedades tiene declaración obligatoria urgente?

a) Fiebre del Nilo Occidental.

b) Varicela común.

c) Herpes zóster.

d) Brucelosis crónica.

6. ¿Qué precaución es fundamental en el aislamiento de contacto?

a) Uso de mascarilla quirúrgica.

b) Lavado de manos y uso de guantes y bata.

c) Ventilación forzada del ambiente.

d) Desinfección aérea.

7. ¿Qué tipo de transmisión utiliza un vector biológico?

a) Contacto directo.

b) Transmisión aérea.

c) Transmisión indirecta.

d) Transmisión por gotas.

8. ¿Cuál es un factor de riesgo extrínseco para las IRAS?

a) Edad avanzada.

b) Diabetes mellitus.

c) Quimioterapia.

d) Sexo femenino.

9. ¿Qué microorganismo se asocia con infecciones en heridas quirúrgicas?

a) *Staphylococcus aureus*.

b) *Streptococcus pneumoniae*.

c) *Escherichia coli*.

d) Adenovirus.

10. ¿Qué característica presenta la etapa patogénica subclínica?

a) El paciente está completamente sano.

b) Ya existe lesión sin síntomas apreciables.

c) Los síntomas son floridos y evidentes.
d) Es cuando se realiza la rehabilitación.

11. La infección que aparece durante la hospitalización del paciente y que no se hallaba presente, o en periodo de incubación en el momento de admisión del enfermo en el centro, independientemente de que se manifieste o no durante su estancia en el hospital, se denomina:

a) Infección nosocomial.
b) Infección recurrente.
c) Infección concomitante.
d) Infección latente.

12. En la antisepsia se utilizan:

a) Gammaglobulinas.
b) Productos químicos.
c) Desinfectantes.
d) b y c son correctas.

13. Un desinfectante:

a) Debe tener estabilidad como producto químico.
b) Debe tener bajo costo.
c) Biodegradable.
d) Todas son correctas.

14. Un producto bactericida:

a) Mata los microorganismos.
b) Inhibe el crecimiento de los microorganismos.
c) Estimula la inmunidad.
d) Limpia.

15. La ebullición es un método:

a) Para la desinfección.
b) Para la esterilización.
c) De limpieza.
d) Muy usado para esterilizar jeringas y agujas.

16. Para realizar la técnica de la pasteurización se debe alcanzar la temperatura de:

a) 158 ºC.
b) 124 ºC.

c) 68 ºC.
d) 73 ºC.

17. El óxido de etileno:

a) Utiliza procedimientos físicos.
b) Es bactericida.
c) Es bacteriostático.
d) Es un antiséptico.

18. La esterilización:

a) Destruye las bacterias, virus, hongos y cualquier forma de vida.
b) Destruye las formas de resistencia de las bacterias (esporas).
c) No es capaz de destruir el virus del Sida.
d) Son ciertas las respuestas a y b.

19. La esterilización por autoclave:

a) Utiliza calor seco.
b) Utiliza vapor de agua a presión.
c) Utiliza radiaciones ionizantes.
d) Se basa en el uso directo de la llama.

20. Entre los materiales que pueden esterilizarse en autoclave se incluyen:

a) Textiles.
b) Envases.
c) Bateas.
d) Todas son correctas.

En MADTEST tienes **más preguntas de este tema**, y todos tus avances quedan registrados y se reflejan en el ranking.

¡Supera tus límites con MADTEST!

Solución al test n.º 10

1. a) Persona que transmite una enfermedad sin presentar síntomas.

2. b) Screening o cribado.

3. a) *Pseudomonas aeruginosa*.

4. b) Rubéola congénita.

5. a) Fiebre del Nilo Occidental.

6. b) Lavado de manos y uso de guantes y bata.

7. c) Transmisión indirecta.

8. c) Quimioterapia.

9. a) *Staphylococcus aureus*.

20. b) Ya existe lesión sin síntomas apreciables.

11. a) Infección nosocomial.

12. d) b y c son correctas.

13. d) Todas son correctas.

14. a) Mata los microorganismos.

15. a) Para la desinfección.

16. c) 68 ºC.

17. b) Es bactericida.

18. d) Son ciertas las respuestas a y b.

19. b) Utiliza vapor de agua a presión.

20. d) Todas son correctas.

TEST N.º 11

Física de las radiaciones ionizantes: origen y producción de los rayos X. Propiedades de los rayos X. Tipos y fuentes de radiación ionizante. Magnitudes y unidades. Haz de rayos X. Tubos de rayos X. Clases. Transformadores y autotransformadores. Generadores: tipos. Manejo de equipos: fijos, móviles y portátiles. Interacción de los rayos X con la materia. Efectos. Fundamentos físicos de la imagen radiológica. Factores de exposición: kilovoltaje, miliamperaje, tiempo de exposición. Interrelación. Control automático de la exposición. Sistemas de obtención y soporte de imágenes radiológicas

1. ¿Cuál de estas es una REM?

a) Radiación X.
b) Protones.
c) Radiación alfa.
d) Radiación beta.

2. ¿Qué radiación del espectro de las REM es más energética de las que se nombran?

a) Radiación X.
b) Radiación ultravioleta.
c) Radiación infrarroja.
d) Espectro visible.

3. ¿A qué se denomina la disminución de la intensidad de la radiación primaria o incidente a su paso por un medio material?

a) Atenuación.
b) Absorción.
c) Dispersión.
d) Colisión.

4. ¿Qué tipo de interacción se busca que se dé más frecuentemente en radiodiagnóstico con la materia?

a) Interacción por efecto Thompson.
b) Interacción por efecto Compton.

c) Interacción por efecto fotoeléctrico.
d) Interacción por dispersión de pares.

5. La interacción fotoeléctrica es mucho más probable cuando:

a) La energía del fotón y la de enlace del electrón están alejadas y es inversamente proporcional al cubo del número atómico de la materia de colisión.
b) La energía del fotón y la de enlace del electrón están próximas y es directamente proporcional al cubo del número atómico de la materia de colisión.
c) La energía del fotón y la de enlace del electrón están próximas y es inversamente proporcional al cubo del número atómico de la materia de colisión.
d) La energía del fotón y la de enlace del electrón están alejadas y es directamente proporcional al cubo del número atómico de la materia de colisión.

6. El fenómeno contrario a la materialización se denomina:

a) Dispersión.
b) Aniquilación.
c) Atenuación.
d) Neutralización.

7. ¿Cuál es el fenómeno que se produce cuando una radiación de tipo particulada colisiona sobre el campo eléctrico de un núcleo atómico, produciéndose una desviación de la partícula incidente y una radiación electromagnética, por disminución de la energía cinética de la partícula incidente influenciada por dicho núcleo?

a) Dispersión clásica.
b) Radiación de frenado.
c) Radiación difusa.
d) Radiación característica.

8. ¿Qué porcentaje de la energía cinética de choque de los electrones con el ánodo del tubo se convierte en energía térmica?

a) 98-99 %.
b) 55 %.
c) 25 %.
d) 1-2 %.

9. ¿Qué factor de estos no interviene en la absorción del haz de radiación X, y por tanto en la formación de la imagen latente?

a) Espesor del absorbente.
b) Densidad del material.
c) Número atómico del absorbente.
d) Radiación de fuga.

10. En fluoroscopia las zonas que más atenúan los rayos X:

a) Darán lugar a más luminosidad, apareciendo más claras.
b) Darán lugar a más luminosidad, apareciendo más oscuras.
c) Darán lugar a menos luminosidad, apareciendo más oscuras.
d) Darán lugar a menos luminosidad, apareciendo más claras.

11. ¿Qué característica esencial del foco anódico se define como la capacidad máxima del tubo?

a) Eficiencia.
b) Rendimiento.
c) Carga específica máxima admisible.
d) Carga inespecífica mínima admisible.

12. ¿Cuánto mide el foco fino del ánodo rotatorio?

a) Entre 0,1 mm y 0,6 mm.
b) Entre 0,6 mm y 0,9 mm.
c) Entre 0,6 mm y 1,6 mm.
d) Entre 1 mm y 2 mm.

13. ¿A qué espectro se refiere con todos los fotones de rayos X que salen del tubo de rayos X?

a) Al espectro total.
b) Al espectro de frenado.
c) Al espectro teórico.
d) Al espectro real.

14. ¿Cómo suelen ser los tubos de rayos X que se emplean en radiología telemandada?

a) De ánodo móvil, y de foco único.
b) De ánodo fijo, y de foco único.
c) De ánodo fijo, y de doble foco.
d) De ánodo móvil, y de doble foco.

15. ¿Cuál es el control más importante que determina la calidad del haz, como factor técnico de exposición?

a) La tensión de pico.
b) La estructura del paciente.
c) El tamaño del punto focal.
d) La distancia.

16. ¿Qué factor de exposición representa la cantidad global de radiación emitida por el tubo de rayos X?

a) Miliamperaje.
b) Tensión pico.
c) mAs.
d) Tiempo de exposición.

17. Para conseguir la misma densidad en una radiografía con diferentes distancias, la intensidad debe ser:

a) Inversamente proporcional al cuadrado de las distancias.
b) Igual al cuadrado de las distancias.
c) Directamente proporcional al cuadrado de las distancias.
d) No sufre modificaciones.

18. ¿Qué producen los generadores de alimentación trifásica?

a) Mayor cantidad de rayos X y de peor calidad.
b) Menor cantidad de rayos X y de pésima calidad.
c) Mejor calidad de rayos X y de menor intensidad.
d) Mayor cantidad de rayos X y de mejor calidad.

19. ¿Sobre qué aspectos muy importantes no propiamente técnicos hay que saber cómo introducir ajustes propiamente técnicos para conseguir buenos resultados en una gráfica sobre técnicas radiográficas?

a) Edad del sujeto y antecedente de enfermedad.
b) Pericia del operador.
c) Hábito corporal del paciente.
d) Hábito corporal del paciente, y el proceso patológico a estudiar.

20. ¿Qué parámetro introduce solo el técnico al emplear el fotoexposímetro?

a) Tensión pico.
b) Miliamperaje.
c) Tiempo de exposición.
d) Son ciertas las respuestas a) y b).

En MADTEST tienes **más preguntas de este tema**, y todos tus avances quedan registrados y se reflejan en el ranking.

¡Supera tus límites con MADTEST!

Solución al test n.º 11

1. a) Radiación X.

2. a) Radiación X.

3. a) Atenuación.

4. c) Interacción por efecto fotoeléctrico.

5. b) La energía del fotón y la de enlace del electrón están próximas y es directamente proporcional al cubo del número atómico de la materia de colisión.

6. b) Aniquilación.

7. b) Radiación de frenado.

8. a) 98-99 %.

9. d) Radiación de fuga.

10. c) Darán lugar a menos luminosidad, apareciendo más oscuras.

11. c) Carga específica máxima admisible.

12. a) Entre 0,1 mm y 0,6 mm.

13. d) Al espectro real.

14. d) De ánodo móvil, y de doble foco.

15. a) La tensión de pico.

16. c) mAs.

17. a) Inversamente proporcional al cuadrado de las distancias.

18. d) Mayor cantidad de rayos X y de mejor calidad.

19. d) Hábito corporal del paciente, y el proceso patológico a estudiar.

20. a) Tensión pico.

La imagen analógica en radiología: concepto, formas de obtención, sistemas de visualización y registro. Película radiográfica. Chasis y pantallas de refuerzo. Técnicas del proceso de revelado. Criterios de calidad de imagen. La imagen digital: concepto, sistemas de obtención, tratamiento y procesado de la Imagen digital

1. ¿Cuál consideras el elemento básico necesario para la obtención de la imagen médica?

a) El médico que la interprete.
b) El técnico o profesional que realice el examen.
c) La estructura de estudio.
d) El tipo de energía utilizada.

2. ¿De qué manera se obtiene la imagen radiográfica por la acción de los rayos X sobre la pantalla de un intensificador? Se obtiene de manera:

a) Simple.
b) Directa.
c) Indirecta.
d) Digitalmente.

3. ¿En qué código es en el que se convierte la señal eléctrica captada por un ordenador, al transformarse la radiación que llega a los detectores?

a) En un código axel.
b) En un código hexadecimal.
c) En un código binario.
d) En un código ternario.

4. ¿Cuál es el intensificador de imagen multicampo más utilizado en fluoroscopia digital?

a) En tubos trifocos es el de 25/17/12 o 23/15/10, y en tubos de doble foco es el de 23/15.
b) En tubos trifocos es el de 23/17/12 o 25/15/10, y en tubos de doble foco es el 23/15.

c) En tubos trifocos es el de 23/17/10 o 20/12/8, y en tubos de doble foco es 27/18.

d) En tubos trifocos es el de 25/17/12 o 23/15/10, y en tubos de doble foco es el de 25/17.

5. ¿Qué afirmación no es correcta sobre las normas básicas de trabajo aplicables a salas de radioscopia?

a) Antes de explorar, cerrar las puertas de la sala de examen.

b) Se debe reducir al máximo el tiempo empleado en fluoroscopia.

c) El pedal de radioscopia puede estar pulsado todo el tiempo, solo se deja de pulsar si se necesita información del estudio.

d) Todo lo anterior es cierto.

6. ¿Cuál es el sistema utilizado para convertir la imagen radiológica invisible en imagen visible?

a) Generador.

b) Receptor de imagen.

c) Tubo de diagnóstico.

d) Chasis.

7. ¿Qué se define como la representación precisa de los bordes del objeto radiografiado, de forma que los mismos se puedan apreciar con claridad?

a) Sensibilidad espectral.

b) Nitidez.

c) Contraste.

d) Densidad de la imagen.

8. ¿En qué tipo de películas se encuentra la capa antihalo?

a) En las películas de doble emulsión con una pantalla intensificadora.

b) En las películas de doble emulsión con dos pantallas intensificadoras.

c) En las películas monoemulsión.

d) Está en todas las anteriores.

9. ¿A qué porcentaje de humedad deben permanecer las películas almacenadas?

a) Entre un 20-30 %.

b) Entre un 40-60 %.

c) Entre un 60-70 %.

d) Entre un 70-80 %.

10. ¿Qué tipo de revelado se emplea de los alternativos que se exponen en urgencias?

a) Revelado semiautomático.

b) Revelado luz de día.

c) Revelado lento.
d) Revelado extendido.

11. En la imagen digital:

a) Se puede visualizar sin soporte físico, tras su visualización directa en monitores especiales de diagnósticos.
b) Se visualizará en soporte físico mediante su impresión, generalmente con impresora láser.
c) Son ciertas las respuestas a) y b).
d) Ninguna de las respuestas anteriores es cierta.

12. La información que contienen los mapas de bits se expresa:

a) En potencia de 10.
b) En potencia de 2.
c) En potencia de 8.
d) En potencia de 16.

13. ¿Qué emplean los sistemas de detectores radiología digital de panel plano (FP) o Flan panel indirecta para que se emita luz al absorber la radiación de los rayos X?

a) Transductores inversos.
b) Láminas fluorescentes de yoduro de cesio u otro material equivalente.
c) Tubos fotomultiplicadores de intensificación de imágenes, mediante dínodos acoplados.
d) Nada de lo anterior es cierto.

14. La consola del médico nos permite:

a) Ajustar los contrastes.
b) Ajustar los brillos.
c) Ampliar la imagen.
d) Todas son correctas.

15. ¿Cuál es el objetivo básico de la Telerradiología?

a) Interpretar la imagen médica.
b) Conectar un centro donde se hacen exploraciones con otro donde se interpretan.
c) Disponer de los servicios de un radiólogo en aquellos centros médicos donde este especialista esté presente.
d) Ninguna de las anteriores.

16. ¿Qué sistema utilizado en la intercomunicación de redes emplea DICOM para el intercambio de imágenes?

a) PACS.
b) RIS.

c) POP.

d) HTTP.

17. ¿Qué especificación o parte del DICOM establece los formatos lógicos para guardar la información sobre varios medios de comunicación?

a) *Point-to-Point Communication Support for Message Interchange* o parte 10.

b) *Network Communication Support for Message Exchange* o parte 10.

c) *Media Storage Application Profiles* o parte 10.

d) *Media Storage and File Format for Media Interchange* o parte 10.

18. ¿Qué medios son los más empleados en la obtención de imágenes digitales a partir de la radiología convencional de forma directa?

a) Mediante CR (*Computed Radiography*).

b) Mediante sistemas de radiografía digital o directa DR (*Digital Radiography*).

c) Son correctas las respuestas a) y b).

d) Son incorrectas las respuestas a) y b).

19. Los datos del paciente recogidos en su recepción al servicio de radiología irán al:

a) RIS.

b) PACS.

c) HIS.

d) LID.

20. ¿Cuál de los siguientes módulos no pertenece a los sistemas de gestión administrativa (del HIS)?

a) Registro central de pacientes.

b) Admisión, altas y transferencias de pacientes.

c) Control de citas y programación de servicios.

d) Informe del radiólogo sobre el examen realizado.

En MADTEST tienes **más preguntas de este tema**, y todos tus avances quedan registrados y se reflejan en el ranking.

¡Supera tus límites con MADTEST!

Solución al test n.º 12

1. d) El tipo de energía utilizada.

2. c) Indirecta.

3. c) En un código binario.

4. d) En tubos trifocos es el de 25/17/12 o 23/15/10, y en tubos de doble foco es el de 25/17.

5. c) El pedal de radioscopia puede estar pulsado todo el tiempo, solo se deja de pulsar si se necesita información del estudio.

6. b) Receptor de imagen.

7. b) Nitidez.

8. c) En las películas monoemulsión.

9. b) Entre un 40-60 %.

10. b) Revelado luz de día.

11. c) Son ciertas las respuestas a) y b).

12. b) En potencia de 2.

13. b) Láminas fluorescentes de yoduro de cesio u otro material equivalente.

14. d) Todas son correctas.

15. b) Conectar un centro donde se hacen exploraciones con otro donde se interpretan.

16. a) PACS.

17. d) Media Storage and File Format for Media Interchange o parte 10.

18. c) Son correctas las respuestas a) y b).

19. a) RIS.

20. d) Informe del radiólogo sobre el examen realizado.

TEST N.º 13

Protección radiológica: fundamentos, principio ALARA (As low as Reasonably achievable, tan bajo como sea razonablemente posible). Legislación nacional e internacional en materia de protección radiológica. Clasificación de zonas. Señalización y normas generales. Barreras, dispositivos y prendas de protección. Protección radiológica operacional. Dosimetría: definición, cantidades, unidades y límites de dosis. Riesgos derivados de las radiaciones ionizantes. Etiopatogenia y efectos biológicos de las radiaciones. Factores que modifican la radiosensibilidad celular y tisular. Efectos genéticos de la radiación. Efectos somáticos: agudos y tardíos. Síndrome general de irradiación aguda. Efectos estocásticos y no estocásticos

1. ¿Qué fenómenos abarca la luminiscencia?

a) La fluorescencia y la fosforescencia.
b) La fosforescencia y los destellos.
c) La absorción y dispersión.
d) La atenuación y la penetrabilidad.

2. ¿Qué detector o dosímetro es de señal visual?

a) Detector proporcional.
b) Detector Geiger-Müller.
c) De película.
d) Cámara de ionización.

3. ¿Qué miden los detectores de emisiones alfa?

a) Mediciones indirectas de aire.
b) Mediciones indirectas de superficies.
c) Mediciones directas en personas.
d) Mediciones indirectas de personas (ej.: heces) que luego se traspolan a la globalidad.

4. ¿Qué norma regula los sistemas de calidad y competencia en laboratorios clínicos, incluida su aplicabilidad a las Unidades de Diagnóstico por la Imagen?

a) Reglamento EURATOM 2013/59.
b) Real Decreto 1976/1999.
c) Norma ISO 15189.
d) Ley de Protección de Datos.

5. ¿Qué acción es requerida en relación con la seguridad radiológica?

a) Eliminar la dosimetría para el personal expuesto.
b) Elaborar memorias anuales de calidad y seguridad radiológica.
c) Permitir el uso de radiación sin límite de dosis.
d) Evitar la formación continua en protección radiológica.

6. ¿Qué se deberá tener en cuenta previamente en la justificación antes de las exposiciones médicas a radiaciones ionizantes?

a) El origen del paciente (de qué Comunidad Autónoma es).
b) Los objetivos específicos de la exposición.
c) Las características de cada persona afectada.
d) Los objetivos específicos de la exposición y las características de cada persona afectada.

7. ¿En qué zona no es obligatorio emplear el dosímetro personal, pero sí al menos el dosímetro de área?

a) Zona controlada.
b) Zona vigilada.
c) Zona de libre acceso.
d) Zona permanencia limitada.

8. ¿Cuánto es generalmente la intensidad de la radiación dispersa a 1 m del paciente en porcentajes del haz primario que recibe el mismo?

a) Es el 0,01 % de la intensidad del haz primario.
b) Es el 0,1 % de la intensidad del haz primario.
c) Es el 1 % de la intensidad del haz primario.
d) Es el 10 % de la intensidad del haz primario.

9. ¿Qué criterio es el que usa los inspectores del Consejo de Seguridad Nuclear para clasificar las infracciones que puedan detectar al titular de la práctica? Se clasifican atendiendo:

a) Al tiempo.
b) A la gravedad.

c) A la prevención de riesgos laborales.

d) A la garantía de calidad de los equipos.

10. ¿Qué aspectos se deben registrar en trabajadores expuestos al radón en su historial dosimétrico? Se registrará:

a) Las dosis acumuladas por año oficial.

b) Los parámetros relevantes para la estimación de estas dosis.

c) Las dosis acumuladas por año oficial, así como los parámetros relevantes para la estimación de estas dosis.

d) Ninguna de las anteriores.

11. ¿Qué grupo de personas no podrán exceder de los 6 mSv por año oficial de dosis efectiva?

a) Personas en formación y estudiantes de Imagen para el diagnóstico u otra especialidad donde haya exposición con una edad mayor o igual a 18 años.

b) Personas en formación y estudiantes de Imagen para el diagnóstico u otra especialidad donde haya exposición, con edades comprendidas entre 16 y 18 años.

c) Personas en formación y estudiantes que no son de Imagen para el diagnóstico u otra especialidad donde no haya exposición con una edad mayor o igual a 18 años.

d) Personas en formación y estudiantes de que no son de Imagen para el diagnóstico u otra especialidad donde no haya exposición con una edad menor de 18 años.

12. ¿Cuál es el límite de dosis equivalente para la piel para los miembros del público en un año oficial?

a) 1 mSv.

b) 5 mSv.

c) 15 mSv.

d) 50 mSv.

13. ¿Qué medida de protección activa frente a las radiaciones ionizantes es incorrecta?

a) Usar protectores plomados sobre los órganos más sensibles.

b) La colimación apropiada disminuye la dosis recibida.

c) Aumentar al máximo el tiempo de exposición.

d) Buscar en los posible, la posición más adecuada, para aumentar la distancia.

14. ¿Cómo calificarías normalmente los efectos ocasionados en la gestación por efecto ionizante de la radiación que desarrolla una malformación congénita?

a) Estocástico, somático y precoz.

b) Determinista, genético y diferido.

c) Determinista, somático e inmediato.

d) Estocástico, genético y tardío.

15. ¿En qué estudios de imagen médica en pediatría las dosis altas son más importantes, y por ello deben estar bien justificados? En exámenes de…

a) TAC y radiología periapical (dental).

b) Radiología convencional y radiología dental (estudio periapical).

c) TAC y radiología intervencionista.

d) Radiología convencional y radiología intervencionista.

16. ¿Qué célula de estas es más trascendente?

a) Eritrocito.

b) Neurona.

c) Condrocito.

d) Fibra muscular.

17. ¿Cómo se califican los efectos ocasionados en la gestación por efecto ionizante de la radiación que desarrolla una malformación congénita?

a) Estocástico, somático y precoz.

b) Determinista, genético y diferido.

c) Determinista, somático e inmediato.

d) Estocástico, genético y tardío.

18. ¿Qué afirmación es cierta de la interacción de la radiación ionizante sobre las gónadas?

a) Los efectos estocásticos que se ocasionan en el varón son más importantes que los que se ocasionan en la mujer.

b) La incidencia de las alteraciones por esta interacción sobre la descendencia tiene más trascendencia en la mujer fértil.

c) No se deben usar en el varón barreras primarias de protección cuando existe algún riesgo.

d) Todo lo anterior es cierto.

19. ¿Cómo se denomina la probabilidad de contraer cáncer por efecto estocástico de la radiación ionizante?

a) Organogénesis.

b) Carcinogénesis.

c) Cancerogénesis.

d) Nada de lo anterior es correcto.

20. ¿Qué síndrome de irradiación aguda se da con 5000 REM?

a) Gastrointestinal.
b) Hematopoyético.
c) Neurológico.
d) Son ciertas a) y b).

En MADTEST tienes **más preguntas de este tema**, y todos tus avances quedan registrados y se reflejan en el ranking.

¡Supera tus límites con MADTEST!

Solución al test n.º 13

1. a) La fluorescencia y la fosforescencia.

2. c) De película.

3. d) Mediciones indirectas de personas que luego se traspolan a la globalidad.

4. c) Norma ISO 15189.

5. b) Elaborar memorias anuales de calidad y seguridad radiológica.

6. d) Los objetivos específicos de la exposición y las características de cada persona afectada.

7. b) Zona vigilada.

8. b) Es el 0,1 % de la intensidad del haz primario.

9. b) A la gravedad.

10. c) Las dosis acumuladas por año oficial, así como los parámetros relevantes para la estimación de estas dosis.

11. b) Personas en formación y estudiantes de Imagen para el diagnóstico u otra especialidad donde haya exposición, con edades comprendidas entre 16 y 18 años.

12. d) 50 mSv.

13. c) Aumentar al máximo el tiempo de exposición.

14. c) Determinista, somático e inmediato.

15. c) TAC y radiología intervencionista.

16. b) Neurona.

17. c) Determinista, somático e inmediato.

18. b) La incidencia de las alteraciones por esta interacción sobre la descendencia tiene más trascendencia en la mujer fértil.

19. b) Carcinogénesis.

20. d) Son ciertas a) y b).

TEST N.º 14

Atención al paciente. Pacientes especiales en el servicio de radiología. Preparación para pruebas radiológicas, diagnósticas e intervencionistas. Primeros auxilios en los servicios de Radiodiagnóstico: el estado del paciente. Parada Cardiorrespiratoria, técnicas de resucitación básica. Material de Emergencia, responsabilidad del personal Técnico

1. ¿Qué aspectos debe tener en cuenta y conocer el Técnico Superior en Imagen para el Diagnóstico respecto a la atención del paciente?

a) Actuar siempre en consecuencia con los principios éticos que marca su profesión.
b) Conocer las normas relacionadas con el cumplimiento de los derechos y deberes de los pacientes.
c) Conocer las normas relacionadas con el cumplimiento de los derechos y deberes de los pacientes, así como las normas de mecánica corporal, y actuar siempre en consecuencia con los principios éticos que marca su profesión.
d) Nada de lo anterior es cierto.

2. ¿Cuál de las siguientes opciones se considera muy importante dentro de la relación entre personas en el ámbito sanitario?

a) Catarsis.
b) Comunicación no verbal.
c) Comunicación verbal.
d) Empatía y comunicación no verbal.

3. ¿Se requiere preparación previa en las radiografías simples de abdomen?

a) Nunca se requiere.
b) Generalmente se requiere.
c) Generalmente se requiere, especialmente en casos de alergia medicamentosa.
d) Generalmente se requiere, excepto en urgencias.

4. ¿Qué tiempo aproximado debe permanecer el paciente en observación tras la administración del contraste?

a) 5 minutos.
b) 15 minutos.
c) 30 minutos.
d) 60 minutos.

5. ¿En qué situaciones del paciente puede obviarse la realización del consentimiento informado ante una radiología intervencionista?

a) Si el procedimiento viene dictado por orden judicial (imperativo legal).
b) Por incompetencia del paciente argumentable judicialmente.
c) Son correctas las respuestas a) y b).
d) Nunca debe obviarse la firma del consentimiento informado.

6. ¿Cuándo se debe realizar la histerosalpingografía?

a) Una semana antes de la menstruación.
b) Durante la menstruación.
c) Una semana después de la menstruación.
d) Durante la ovulación.

7. ¿Qué no es cierto en pacientes seniles y oncológicos?

a) Nunca se debe dar sensación de prisa o apatía ante ellos.
b) Se debe tener una actitud de empatía y comprensión.
c) No se les debe permitir el llanto.
d) Necesitan apoyo psicológico.

8. En pacientes inmunodeprimidos:

a) Los guantes, mascarilla, bata, etc., que emplee el personal sanitario deben ser estériles.
b) En este tipo de pacientes las medidas tomadas en su traslado serán las mismas que para el resto de los pacientes.
c) Permanecerán en la sala de espera con el resto de pacientes.
d) Se tomarán las mismas medidas que en pacientes infecciosos.

9. ¿Qué medidas de estas se debe tomar para evitar lesiones en prominencias óseas en aquellos pacientes que deban de permanecer en la mesa de exploración durante más de 10 minutos?

a) Mantener al paciente en la misma posición.
b) Contactar las prominencias óseas.
c) Colocar almohadillas radiotransparentes entre las prominencias óseas.
d) Arrastrar a los pacientes en la mesa de exploración.

10. Para realizar inmovilizaciones de piernas y brazos durante la exploración del paciente pueden utilizarse:

a) Sedación ligera.

b) Sedación profunda.

c) Bandas elásticas o incluso otros tipos de artilugios que se fabriquen prácticamente de modo casero en el Servicio.

d) No utilizar nada.

11. Señala cuál de las siguientes afirmaciones sobre la parada cardiorrespiratoria es correcta:

a) Es la interrupción súbita, inesperada y potencialmente reversible de la circulación y respiración espontáneas.

b) El paro respiratorio suele ir precedido de un paro cardíaco.

c) Es una situación irreversible aunque se actúe de inmediato.

d) Las respuestas a) y b) son correctas.

12. Si en el análisis de situación se comprueba que el paciente está inconsciente, que no respira con normalidad o simplemente no respira, a continuación:

a) Se colocará en posición lateral de seguridad.

b) Se procederá a abrir las vías aéreas.

c) Se realizará las maniobras de RCP Básicas.

d) Se estimulará para comprobar si está consciente.

13. ¿Cuál será la frecuencia del masaje cardíaco según las nuevas recomendaciones de la ERC? La frecuencia será de:

a) 80 compresiones por minuto para adultos y 100 compresiones por minuto para niños y lactantes.

b) 100 compresiones por minuto para adultos y 80 compresiones por minuto para niños y lactantes.

c) 100 a 120 compresiones por minuto para todas las edades.

d) 100 compresiones por minuto para todas las edades.

14. ¿Cómo colocaremos a un paciente accidentado que está inconsciente, pero respira normalmente? Lo colocaremos en la denominada posición:

a) Decúbito prono.

b) De Fowler.

c) Lateral de seguridad.

d) Decúbito supino.

15. En el masaje cardíaco externo de un adulto se debe comprimir esternón (mitad inferior) hasta alcanzar una profundidad de al menos:

a) 1 cm.
b) 2 cm.
c) 5 cm.
d) 10 cm.

16. En caso de reacciones leves a los medios de contraste radiológicos el tratamiento consistirá en:

a) Tranquilizar al paciente, intentando transmitirle una sensación de seguridad.
b) Administrar oxígeno.
c) Administrar antihistamínicos y corticoides intravenosos si se trata de reacciones en la piel.
d) Todas las respuestas anteriores son correctas.

17. Un shock debido a una pérdida de sangre o plasma ocasionando una disminución del volumen sanguíneo se denomina:

a) Hipovolémico.
b) Anafiláctico.
c) Cardiogénico.
d) Séptico.

18. ¿Cuál de las siguientes medidas no debe adoptarse en caso de convulsiones?

a) Se introducirá en la boca algún objeto blando para que el individuo no se muerda la lengua.
b) Se sujetará al paciente con fuerza, evitando que se mueva.
c) Se colocará a la persona afectada en decúbito supino con la cabeza hacia un lado, para evitar que aspire posibles vómitos.
d) Debe evitarse que el paciente se golpee, por lo que se retirará cualquier objeto que pueda resultar peligroso.

19. ¿Qué desfibriladores externos de los empleados son los que avisan de la alteración, pero requieren de la intervención del operador para efectuar su descarga?

a) Desfibriladores externos estándar.
b) Desfibriladores externos manuales.
c) Desfibriladores externos automáticos (DEA).
d) Desfibriladores externos semiautomáticos (DESA).

20. ¿Cuál es la droga de elección en convulsiones?

a) Sulfato de magnesio.
b) Atropina.
c) Amocixilina.
d) Diazepan.

En MADTEST tienes **más preguntas de este tema**, y todos tus avances quedan registrados y se reflejan en el ranking.

¡Supera tus límites con MADTEST!

Solución al test n.º 14

1. c) Conocer las normas relacionadas con el cumplimiento de los derechos y deberes de los pacientes, así como las normas de mecánica corporal, y actuar siempre en consecuencia con los principios éticos que marca su profesión.

2. d) Empatía y comunicación no verbal.

3. d) Generalmente se requiere, excepto en urgencias.

4. b) 15 minutos.

5. c) Son correctas las respuestas a) y b).

6. c) Una semana después de la menstruación.

7. a) Nunca se debe dar sensación de prisa o apatía ante ellos.

8. a) Los guantes, mascarilla, bata, etc., que emplee el personal sanitario deben ser estériles.

9. c) Colocar almohadillas radiotransparentes entre las prominencias óseas.

10. c) Bandas elásticas o incluso otros tipos de artilugios que se fabriquen prácticamente de modo casero en el Servicio.

11. a) Es la interrupción súbita, inesperada y potencialmente reversible de la circulación y respiración espontáneas.

12. c) Se realizará las maniobras de RCP Básicas.

13. c) 100 a 120 compresiones por minuto para todas las edades.

14. c) Lateral de seguridad.

15. c) 5 cm.

16. d) Todas las respuestas anteriores son correctas.

17. a) Hipovolémico.

18. b) Se sujetará al paciente con fuerza, evitando que se mueva.

19. d) Desfibriladores externos semiautomáticos.

20. d) Diazepan.

TEST N.º 15

Radiología de urgencias, cuidados intensivos, unidades especiales y quirófanos. El paciente politraumatizado, su manejo y prioridades exploratorias

1. ¿Qué unidades de imagen para el diagnóstico se emplean habitualmente en quirófanos?

a) Ecógrafos.
b) Equipos radiográficos transportables.
c) Equipos de radioscopias móviles.
d) Resonancias magnéticas portátiles.

2. ¿Qué aspectos debe tener en cuenta el técnico en radiodiagnóstico que trabaje en el servicio de quirófano?

a) Respetar las medidas de asepsia.
b) Conocer el manejo del equipo de rayos antes de la intervención.
c) Utilizar elementos de proteccion radiologica.
d) Todas son correctas.

3. ¿Cuál de estas pruebas diagnósticas se realiza en el laboratorio de hemodinámica?

a) Cateterismo.
b) Urografía intravenosa.
c) Colonoscopia.
d) Histerosalpingografía.

4. ¿Cuál de estas es una etiología o causa de politraumatismo?

a) Accidentes de tráfico.
b) Accidentes laborales y deportivos.
c) Desastres naturales.
d) Son todas las anteriores.

5. ¿Cómo se define más apropiadamente paciente politraumatizado?

a) Se define como aquel paciente que entra por urgencias con varias contusiones.

b) Se define como aquel paciente al que debemos realizar varias radiografías.

c) Se define como aquel paciente que se queja de mucho dolor después de un accidente de tráfico.

d) Se define como aquel paciente con más de una lesión traumática, alguna de las cuales comporta, aunque sea potencialmente, riesgo vital es un politraumatizado.

6. ¿Con qué nombre se conoce al politraumatizado con solo fracturas múltiples en el aparato locomotor?

a) Fracturado de huesos.

b) Fracturado vario.

c) Polifracturado.

d) Politraumatizado visceral.

7. ¿En cuál de estos grupos, de la mortalidad en los politraumatizados graves, está demostrado que las muertes son previsibles y tratables por un equipo bien entrenado?

a) En el primer grupo.

b) En el segundo grupo.

c) En el tercer grupo.

d) Todas son correctas.

8. ¿Qué nombre recibe la asistencia médica a un politraumatizado dentro de la primera hora? Se denomina la:

a) Hora asistencial.

b) Hora de oro.

c) Hora de plata.

d) Hora médica.

9. ¿Cuál sería la actuación ante un politraumatizado que no respira ni tiene pulso?

a) Sería RCP básica o avanzada.

b) Sería traslado inmediato a un hospital.

c) Sería controlar hemorragias.

d) Sería valorar lesiones neurológicas.

10. ¿Cuál sería la valoración primaria ante un politraumatizado? Sería:

a) Control de vía aérea y examen neurológico.

b) Ventilación/respiración.

c) Circulación y control de la hemorragia.
d) Todas son correctas.

11. El ABC de la radiología en politraumatizados es coincidente con:

a) El ABC de la RCP básica.
b) El ABC de la RCP avanzada.
c) El ABC alfabético.
d) No es coincidente con nada.

12. ¿Cuándo se hará la valoración radiologica básica?

a) Se realizará en la fase de valoración primaria.
b) Se realizará en la fase de valoración secundaria.
c) Se realizará en la fase de valoración terciaria.
d) Se realizará la fase de valoración radiológica es lo principal y se tiene que realizar en primer lugar.

13. ¿Qué aspectos hay que tener en cuenta ante la movilización de pacientes politraumatizados?

a) Retirar férulas y vendajes para visualizar fracturas abiertas.
b) No mover al paciente a menos que sea absolutamente necesario. Si lo es, solicitar ayuda al personal cualificado.
c) Mantener siempre la tracción siguiendo el eje cabeza-cuello-tronco.
d) Las respuestas b) y c) son correctas.

14. ¿Cuál es el mínimo de radiografías a solicitar ante un politraumatizado?

a) Se solicita un mínimo de radiografías que son radiografía de cráneo y columna.
b) Se solicita un mínimo de radiografías que son radiografía de tórax, lateral de cervicales y antero-posterior de abdomen.
c) Se solicita un mínimo de radiografías que son radiografía de tórax, lateral de cervicales y antero-posterior de pelvis.
d) Se solicita un mínimo de radiografías que son radiografía de tórax, lateral de cráneo y antero-posterior de pelvis.

15. ¿Qué se busca o se pretende buscar en los estudios radiológicos de traumatismos craneoencefálicos (TCE)?

a) Lesión intracraneal.
b) Lesión intramedular.
c) Infarto cerebral.
d) Todas son correctas.

16. ¿Cuál debe ser el enfoque diagnóstico en los estudios radiográficos de raquis en pacientes politraumatizados?

a) Diagnosticar posibles contracturas musculares.
b) Diagnosticar hemorragias subaracnoideas.
c) Diagnosticar contusión de cuerpos vertebrales.
d) Diagnosticar posibles lesiones medulares.

17. ¿Qué hay que realizar en paciente politraumatizado siempre que se sospeche lesión cervical? Hay que realizar una:

a) Proyección anteroposterior con el rayo horizontal y la placa vertical.
b) Proyección lateral con el rayo horizontal y la placa vertical.
c) Las respuestas a) y b) son correctas.
d) Todas son falsas.

18. ¿Cómo se deberá realizar radiografía de tórax en un paciente politraumatizado?

a) La radiografía de tórax se deberá realizar solo ante evidencia de lesión torácica.
b) Nunca se realizará radiografía de tórax, lo principal son otras zonas lesionadas.
c) No se realiza radiografía de tórax. Se realizará como primera elección el TAC de tórax.
d) Se deberá realizar precozmente durante el examen secundario.

19. ¿Qué radiografía es considerada de obligada necesidad ante un paciente politraumatizado?

a) Rx tórax.
b) Rx abdomen.
c) Rx manos y pies.
d) Todas son correctas.

20. Ante un traumatismo abdominal, ¿cuál es, en primer lugar, el órgano más afectado con alto riesgo de hemorragia?

a) El hígado.
b) El bazo.
c) El páncreas.
d) Los riñones.

En MADTEST tienes **más preguntas de este tema**, y todos tus avances quedan registrados y se reflejan en el ranking.

¡Supera tus límites con MADTEST!

Solución al test n.º 15

1. c) Equipos de radioscopias móviles.

2. d) Todas son correctas.

3. a) Cateterismo.

4. d) Son todas las anteriores.

5. d) Se define como aquel paciente con más de una lesión traumática, alguna de las cuales comporta, aunque sea potencialmente, riesgo vital es un politraumatizado.

6. c) Polifracturado.

7. b) En el segundo grupo.

8. b) Hora de oro.

9. a) Sería RCP básica o avanzada.

10. d) Todas son correctas.

11. a) El ABC de la RCP básica.

12. b) Se realizará en la fase de valoración secundaria.

13. d) Las respuestas b) y c) son correctas.

14. c) Se solicita un mínimo de radiografías que son radiografía de tórax, lateral de cervicales y antero-posterior de pelvis.

15. a) Lesión intracraneal.

16. d) Diagnosticar posibles lesiones medulares.

17. b) Proyección lateral con el rayo horizontal y la placa vertical.

18. d) Se deberá realizar precozmente durante el examen secundario.

19. a) Rx tórax.

20. b) El bazo.

TEST N.º 16

Equipos de diagnóstico por imagen: radiología convencional. Características, tipos y funcionamiento. Tomografía Computarizada (TC): fundamentos físicos, aplicaciones e indicaciones. Estudios y técnicas radiológicas de exploración con TC. Resonancia Magnética (RM): fundamentos físicos y biológicos de los campos magnéticos, aplicaciones e indicaciones. Contraindicaciones. Estudios y técnicas radiológicas de exploración con RM. Ultrasonografía: fundamentos físicos, utilidad e indicaciones. Transductores. Componentes y tipos. Imagen digitalizada estática y en movimiento. Ultrasonidos en 2, 3, y 4 dimensiones. (US 2D, 3D y 4D). Semiología y Técnicas de exploración

1. ¿Qué equipo de TC es el último que se introduce para la práctica clínica?

a) TC de traslación-rotación con un solo detector, pero enorme.
b) Tomografía lineal.
c) TC helicoidal.
d) TC multidetector.

2. ¿Qué ventaja aporta en los equipos de TC el empleo del haz de rayos cónico?

a) Aplicar durante el estudio dos energías diferentes, que nos permite una mejor diferenciación entre ciertos tejidos con y sin patologías.
b) Ayuda a caracterizar las lesiones porque introduce una nueva capacidad para cuantificar y separar materiales tales como el calcio, el yodo y el agua.
c) La adquisición del volumen total de imágenes con sólo una rotación.
d) La capacidad para la fusión de imágenes morfológicas y funcionales en un mismo examen.

3. ¿De qué elemento consta los actuales detectores de estado sólido de los equipos TC helicoidal multicorte?

a) Tubos fotomultiplicadores.
b) Fotodiodos.

c) Dínodos.
d) Gas.

4. ¿Qué vóxeles son los ideales para hacer las reconstrucciones 2D y 3D?

a) Atrópicos.
b) Isotrópicos.
c) Anisotrópicos.
d) Homocromáticos.

5. ¿A qué tejido o estructura anatómica nos referimos con un valor de densidad electrónica cercana al (-90) UH?

a) Tejido blando.
b) Hueso compacto.
c) Tejido graso.
d) Tejido pulmonar.

6. ¿Qué tipo de artefactos en TC se ven en escalera, en las imágenes reconstruidas?

a) Artefacto por error en la linealidad.
b) Artefacto por error de aliasing.
c) Artefacto de origen cinético.
d) Artefacto de reconstrucción multiplanar.

7. ¿Cuál no es una ventaja de la TC?

a) Se expone al paciente a menos radiación que con la radiología convencional.
b) Se puede obtener cortes axiales nítidos e imágenes en múltiples planos (multiplanares) con un solo examen.
c) Se consigue un gran perfeccionamiento en las densidades radiológicas (debido a los números TC o UH).
d) Todas las afirmaciones anteriores son ventajas.

8. ¿Qué características de estas deben reunir los núcleos atómicos susceptibles del fenómeno de RM?

a) Que posean un número par de protones/neutrones.
b) Que no tengan electrones.
c) Que posean un número impar de protones/neutrones.
d) No ser susceptibles a la fuerza de un campo magnético.

9. ¿Cuántos teslas (T) son 20.500 gauss?

a) 2 T.
b) 2,5 T.

c) 2,05 T.
d) 1,25 T.

10. ¿Cuál es la regla muy importante en resonancia a la hora de elegir una antena para un estudio en concreto?

a) Tan grandes como sea posible y tan grandes como sea necesario.
b) Tan pequeñas como sea posible y tan grandes como sea necesario.
c) Tan grandes como sea posible y tan pequeñas como sea necesario.
d) Tan pequeñas como sea posible y tan pequeñas como sea necesario.

11. ¿Qué ecuación es la que se expresa F = γ.B$_0$ o W0 = γ.B$_0$; utilizada como herramienta en RM, para calcular la frecuencia de precesión del protón?

a) Vectorial.
b) De Larmor.
c) De Damadian.
d) De Faraday.

12. ¿Qué afirmación es cierta respecto a las orientaciones de los núcleos de hidrógeno bajo la influencia de un campo magnético? Se expresan dos orientaciones de los protones donde se manifiestan dos estados energéticos...

a) En paralelo, se encuentran en un estado de más energía, o posición "up" y en antiparalelo, donde se encuentran en un estado de menos energía, o posición "down".
b) En paralelo, se encuentran en un estado de más energía, o posición "down" y en antiparalelo, donde se encuentran en un estado de menos energía, o posición "up".
c) En paralelo, se encuentran en un estado de menos energía, o posición "up" y en antiparalelo, donde se encuentran en un estado de más energía, o posición "down".
d) En paralelo, se encuentran en un estado de menos energía, o posición "down" y en antiparalelo, donde se encuentran en un estado de más energía, o posición "up".

13. ¿En qué espacio virtual se almacenan las frecuencias (señales) espaciales obtenidas, o dicho de otra manera, es la matriz con los datos sin procesar, obtenidos por los elementos del equipo de RM y un paciente, antes de la aplicación de la transformada de Fourier?

a) FID.
b) Espacio K.
c) Espacio spin-plasma.
d) Espacio spin-látex.

14. ¿Qué tipo de artefacto se ocasiona por supresión de la grasa?

a) Artefacto por susceptibilidad magnética.
b) Artefacto por defecto de la homogeneidad del campo magnético.

c) Artefacto por movimiento y pulsación de flujo.

d) Artefacto de selección de corte o *crosstalk*.

15. ¿Qué parámetro en ecografía indica las oscilaciones sonoras en la unidad de tiempo o ciclos en un segundo?

a) Amplitud sonora.

b) Longitud de onda.

c) Potencia sonora.

d) Frecuencia.

16. ¿Cómo se denomina la medida del ultrasonido definida como el producto de la energía sonora por la longitud de onda?

a) Frecuencia.

b) Amplitud.

c) Energía.

d) Potencia.

17. ¿Qué es incierto de las imágenes anecoicas?

a) Representa lesiones que ocupan un espacio completo (no da eco).

b) Una patología que da esta imagen es un tumor sólido, tipo sarcoma.

c) Generalmente indican benignidad.

d) En ellas no se producen reflexión.

18. ¿Qué artefacto ecográfico se da por errores de atenuación?

a) El refuerzo acústico.

b) La reverberación.

c) El ancho de haz.

d) El haz lateral.

19. ¿Qué nombre presenta por la imagen este estudio ecográfico: de la *tríada portal*?

a) Con imagen de Mickey Mouse.

b) Con imagen de Pocoyó.

c) Con imagen de Peter Pan.

d) Nada de lo anterior.

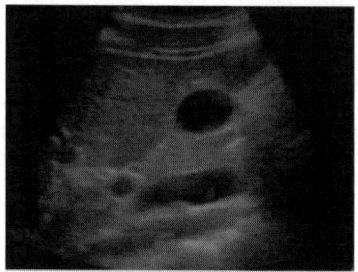

Imagen pregunta 19

20. ¿Qué tamaño suelen ser tener los cálculos detectables en ecografía y dónde se localizan normalmente?

a) Sólo se detectan cálculos mayores de 4 mm, y normalmente se localizan en pelvis renal.

b) Sólo se detectan cálculos mayores de 8 mm, y normalmente se localizan en el trayecto medio del uréter.

c) Sólo se detectan cálculos mayores de 10 mm, y normalmente se localizan en la unión ureterovesical.

d) Sólo se detectan cálculos mayores de 4 mm, y normalmente se localizan en el interior de la vejiga.

En MADTEST tienes **más preguntas de este tema**, y todos tus avances quedan registrados y se reflejan en el ranking.

¡Supera tus límites con MADTEST!

Solución al test n.º 16

1. d) TC multidetector.

2. c) La adquisición del volumen total de imágenes con sólo una rotación.

3. b) Fotodiodos.

4. b) Isotrópicos.

5. c) Tejido graso.

6. d) Artefacto de reconstrucción multiplanar.

7. a) Se expone al paciente a menos radiación que con la radiología convencional.

8. c) Que posean un número impar de protones/neutrones.

9. c) 2,05 T.

10. b) Tan pequeñas como sea posible y tan grandes como sea necesario.

11. b) De Larmor.

12. c) En paralelo, se encuentran en un estado de menos energía, o posición "up" y en antiparalelo, donde se encuentran en un estado de más energía, o posición "down".

13. b) Espacio K.

14. b) Artefacto por defecto de la homogeneidad del campo magnético.

15. d) Frecuencia.

16. d) Potencia.

17. c) Generalmente indican benignidad.

18. a) El refuerzo acústico.

19. a) Con imagen de Mickey Mouse.

20. a) Sólo se detectan cálculos mayores de 4 mm, y normalmente se localizan en pelvis renal.

TEST N.º 17

Anatomía radiológica de la extremidad superior, extremidad inferior, tórax, columna, región cráneo-vertebral, cavidad torácica, cavidad abdominal, cavidad pélvica, sistema nervioso central y periférico

1. ¿Dónde se localiza la articulación coxofemoral?

a) En la pelvis.
b) En el abdomen.
c) En las nalgas.
d) En la cadera.

2. ¿Sobre qué plano incide perpendicularmente el haz central de Rx en una proyección lateral (L)?

a) Coronal.
b) Frontal.
c) Axial.
d) Sagital.

3. ¿En qué zona de un hueso largo se localiza el cartílago de crecimiento?

a) En la epífisis proximal.
b) En la epífisis distal.
c) En la diáfisis.
d) En las metáfisis.

4. ¿Cuál es el punto de centrado en la lateral transtorácica (método de Lawrence)?

a) El cuello quirúrgico del húmero de la articulación afecta.
b) El cuello quirúrgico del húmero de la articulación no afecta.
c) La apófisis coracoides de la articulación afecta.
d) La apófisis coracoides de la articulación no afecta.

5. ¿Qué menisco, de los que se señalan en la imagen, es el que nos indica la incógnita, sabiendo que es una vista anterior y craneal de los miembros inferiores?

a) Menisco interno de rodilla derecha.
b) Menisco interno de rodilla izquierda.
c) Menisco externo de rodilla izquierda.
d) Menisco externo de rodilla derecha.

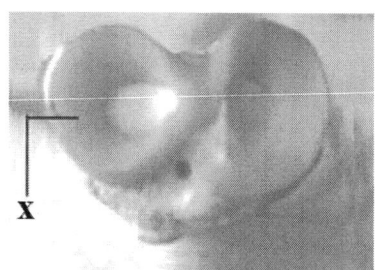

Imagen pregunta 5

6. ¿Qué nombre recibe el conjunto de estructuras de sostén del árbol bronquial?

a) Alveolos.
b) Saco aéreo.
c) Parénquima pulmonar.
d) Hilio pulmonar.

7. ¿Qué se observa en esta placa A-P de raquis?

a) Hipercifosis.
b) Escoliosis.
c) Hiperlordosis.
d) Inversión vertebral.

Imagen pregunta 7

8. ¿Qué línea del cráneo es basal y va desde el borde infraorbitario al meato auditivo externo y la línea media occipital?

a) Línea acantiomeatal.
b) Línea orbitomeatal.
c) Línea de Reid.
d) Línea de Albert.

9. ¿Qué estructura/estructuras anatómicas aloja el cuadrante abdominal marcado con una X?

a) Colon ascendente y la mayor parte del riñón derecho.
b) Parte del íleon, válvula íleo-cecal, ciego y apéndice.
c) Colon descendente y la mayoría del riñón izquierdo.
d) Parte del íleon y del sigma, vejiga urinaria y recto.

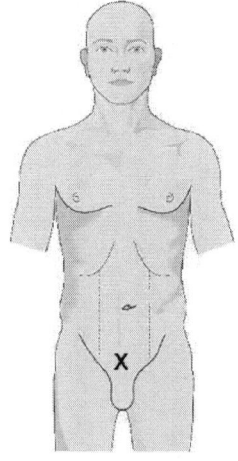

Imagen pregunta 9

10. ¿Qué pelvis femenina es la menos frecuente?

a) Ginecoide.
b) Androide.
c) Platipeloide.
d) Antropoide.

11. ¿Cómo se denominan los pliegues peritoneales que unen una víscera con otra?

a) Ligamentos.
b) Mesenterio.
c) Epiplón.
d) Ninguna de las respuestas anteriores es correcta.

12. ¿Qué es realmente lo que se observa en una radiografía lateral de tórax llamada *banda traqueal posterior*?

a) El margen anterior de la pared posterior del esófago cuando se encuentra ocupado de aire.
b) El margen posterior de la pared anterior del esófago cuando se encuentra ocupado de aire.
c) El margen posterior de la pared anterior de la laringe.
d) El margen anterior de la pared posterior de la laringe.

13. ¿Qué tramo del colon es el marcado con una X?

a) Colon ascendente.
b) Colon sigmoideo.
c) Colon transverso.
d) Colon descendente.

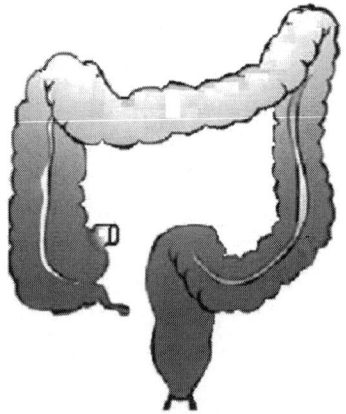

Imagen pregunta 13

14. ¿Qué vena drena toda la sangre venosa del abdomen al hígado?

a) Vena hepática común.
b) Vena esplénica.
c) Vena suprahepática.
d) Vena porta.

15. ¿Qué estructura venosa es la marcada con una X en este corte ecográfico transversal subcostal en inspiración mantenida?

a) Vena porta.
b) Vena suprahepática media.
c) Vena cava inferior.
d) Vena esplénica.

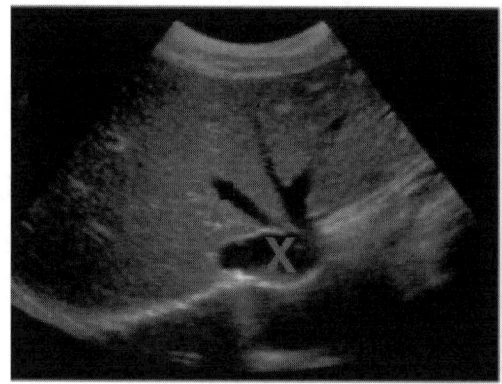

Imagen pregunta 15

16. ¿Cuál es el mejor método para estudiar la vesícula biliar y los conductos biliares?

a) RM.
b) Colecistografía.

c) Colangiografía.
d) Ecografía.

17. ¿Qué porción del uréter se relaciona con la pelvis renal?

a) La porción pélvica.
b) La porción media.
c) La porción abdominal.
d) La porción intramural.

18. ¿Qué vísceras son retroperitoneales?

a) Bazo e hígado.
b) Riñones y uréteres.
c) El recto y sigma.
d) Estómago y duodeno.

19. ¿Qué afirmación respecto al SNC es correcta?

a) El tercer ventrículo se localiza en el rombencéfalo.
b) Los nervios que provienen de los hemisferios cerebrales se entrecruzan en el bulbo raquídeo.
c) La protuberancia se dispone por detrás del cerebelo.
d) La coordinación de los movimientos y el mantenimiento del equilibrio se llevan a cabo en el diencéfalo.

20. ¿Qué afirmación respecto al SNC es correcta?

a) Las últimas raíces raquídeas forman la cola de caballo.
b) En la médula espinal la sustancia gris se sitúa en el interior.
c) La médula espinal no está envuelta por las meninges.
d) Son correctas a) y b).

En MADTEST tienes **más preguntas de este tema**, y todos tus avances quedan registrados y se reflejan en el ranking.

¡Supera tus límites con MADTEST!

Solución al test n.º 17

1. d) En la cadera.

2. d) Sagital.

3. d) En las metáfisis.

4. a) El cuello quirúrgico del húmero de la articulación afecta.

5. d) Menisco externo de rodilla derecha.

6. c) Parénquima pulmonar.

7. b) Escoliosis.

8. c) Línea de Reid.

9. d) Parte del íleon y del sigma, vejiga urinaria y recto.

10. c) Platipeloide.

11. c) Epiplón.

12. b) El margen posterior de la pared anterior del esófago cuando se encuentra ocupado de aire.

13. b) Colon sigmoideo.

14. d) Vena porta.

15. c) Vena cava inferior.

16. d) Ecografía.

17. c) La porción abdominal.

18. b) Riñones y uréteres.

19. b) Los nervios que provienen de los hemisferios cerebrales se entrecruzan en el bulbo raquídeo.

20. d) Son correctas a) y b).

Exploración radiológica de cráneo, cara y cuello. Técnica radiográfica simple. Proyecciones. Técnicas radiológicas especiales. Estudios con TC y RM. Criterios de calidad de la imagen

1. ¿Qué estructuras anatómicas normalmente quieren estudiarse con las proyecciones más frecuentes de cráneo?

a) Órbitas, boca y mentón.
b) Fosas nasales, senos paranasales y el peñasco del temporal (oído interno y conductos semicirculares).
c) Mandíbula, fosas nasales y zona cigomática.
d) Ninguna de las anteriores.

2. ¿Qué se marca en esta radiografía lateral de cráneo?

a) Seno frontal.
b) Silla turca.
c) Sutura coronal.
d) Diploe.

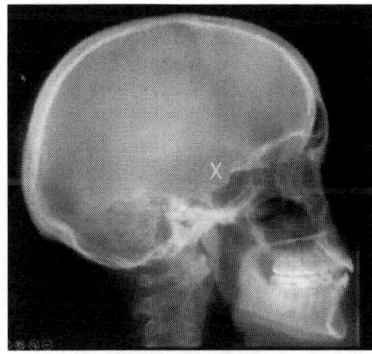

Imagen pregunta 2

3. Ante un traumatismo de la zona posterior del cráneo, ¿qué proyección radiográfica se suele pedir?

a) Proyección lateral de cráneo.
b) Proyección de Granger.
c) Proyección de Caldwell modificada (PA).
d) Proyección de Towne.

4. ¿Qué letra es la Crista Galli de esta placa?

a) A.
b) B.
c) C.
d) D.

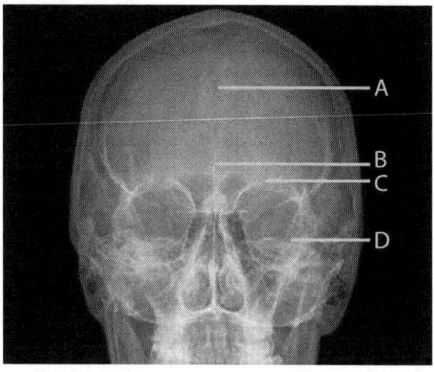

Imagen pregunta 4

5. ¿Qué proyección de cráneo se emplea para visualizar el suelo de las órbitas e identificar cuerpos extraños en las órbitas?

a) Proyección lateral de cráneo.
b) Proyección de Towne.
c) Proyección de Mahoney.
d) Proyección de Waters (o parietoacantial).

6. ¿Qué proyección de cráneo se emplea para visualizar todos los senos paranasales en su conjunto?

a) Proyección de Waters (o parietoacantial).
b) Proyección de Towne.
c) Proyección Lateral de Cavum.
d) Proyección submento-vertical de arcos cigomáticos.

7. ¿Qué proyección visualiza los agujeros rasgados posteriores?

a) Proyección de Towne.
b) Proyección transbucal.
c) Proyección submentoniana.
d) Son ciertas las respuestas b) y c).

8. ¿Qué proyección de las que se nombran visualiza lateralmente el peñasco del temporal?

a) Proyección Chause.
b) Proyección tangencial de mastoides.

c) Proyección del canto externo de la órbita.

d) Todas las mencionadas.

9. ¿En qué proyecciones se emplea la xerorradiografía?

a) En las proyecciones AP.

b) En las proyecciones PA.

c) En las proyecciones oblicuas.

d) En las proyecciones AP y L.

10. ¿Qué estructura es la marcada con una X?

a) Pabellón auditivo.

b) Celdas mastoideas.

c) Clivus.

d) Apófisis clinoides posterior.

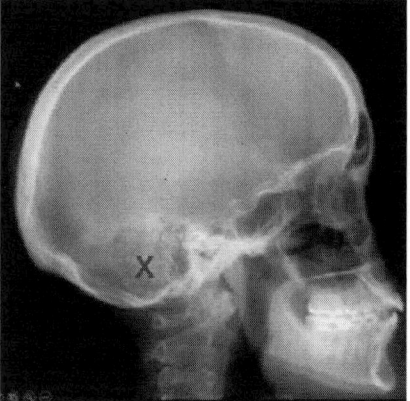

Imagen pregunta 10

11. ¿Qué modalidad de TC está indicado ante un deterioro cognitivo/demencia?

a) TC basal sin contraste.

b) TC con contraste.

c) TC basal sin contraste más TC con contraste.

d) TC basal sin contraste más reconstrucción hueso.

12. ¿Qué plano estandarizado de los estudios de TC del oído interno/peñasco es aquel que es perpendicular al canal semicircular superior, y con el mismo podemos visualizar el eje corto de la cóclea, nervio facial, ventana redonda y acueducto vestibular?

a) Plano de Pöshl.

b) Plano sagital.

c) Plano de Stenver.

d) Plano de West.

13. ¿Qué estructura anatómica es la que muestral la imagen TC (coronal) con una X?

a) Órbita izquierda.
b) Seno maxilar izquierdo.
c) Seno esfenoidal izquierdo.
d) Seno etmoidal izquierdo.

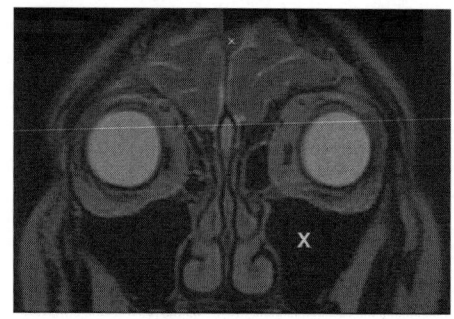

Imagen pregunta 13

14. ¿Qué cajón debe tomarse en un TC cuello C/C?

a) Desde senos frontales hasta parte baja del mentón.
b) Desde senos frontales hasta maxilar superior.
c) Desde senos frontales hasta las últimas cervicales.
d) Desde la línea orbitomeatal hasta gonión.

15. ¿Qué parámetro del CBCT nos dirá si hay o no hueso para poner un implante en mandíbula o maxilar?

a) Rotación de 180º en el estudio.
b) Potenciómetro de la imagen.
c) Curva densitométrica.
d) Ninguna de las anteriores.

16. ¿En qué posición se realiza normalmente los estudios CBCT?

a) Bipedestación.
b) Decúbito supino.
c) Decúbito prono.
d) Sedestación.

17. ¿Cuál es la causa más frecuente de cefaleas?

a) Primarias.
b) Por encefalitis.
c) Por tumor maligno intracraneal.
d) Por aneurisma del polígono de Willis.

18. ¿Qué cajón se toma para un TC del polígono de Willis?

a) El que va desde elgonión hasta la línea orbitomeatal.
b) El que va desde el nasión hasta el mentón.

c) El que va desde el hueso hioides hasta 2 cm debajo de la calota.

d) El que va desde la glabela hasta el acantión derecho y el izquierdo.

19. ¿Qué proyección de estas es la que emplearías para realizar un estudio radiográfico de la base del cráneo, por considerarla más idónea?

a) Proyección de Schuller II.

b) Proyección de Towne.

c) Proyección transbucal.

d) Proyección de Hirtz.

20. ¿Cuál de las siguientes afirmaciones sobre la técnica de RM cervical es correcta?

a) La secuencia T1 tiene mayor sensibilidad para detectar edema e inflamación.

b) Las secuencias STIR están contraindicadas en el estudio de lesiones de parótidas.

c) La secuencia FLAIR en plano sagital es útil para valorar lesiones infiltrantes de médula espinal.

d) La administración de gadolinio requiere siempre el uso de inyector automático.

En MADTEST tienes **más preguntas de este tema**, y todos tus avances quedan registrados y se reflejan en el ranking.

¡Supera tus límites con MADTEST!

Solución al test n.º 18

1. b) Fosas nasales, senos paranasales y el peñasco del temporal.

2. b) Silla turca.

3. d) Proyección de Towne.

4. b) B.

5. c) Proyección de Mahoney.

6. a) Proyección de Waters.

7. d) Son ciertas las respuestas b) y c).

8. d) Todas las mencionadas.

9. d) En las proyecciones AP y L.

10. b) Celdas mastoideas.

11. a) TC basal sin contraste.

12. c) Plano de Stenver.

13. b) Seno maxilar izquierdo.

14. c) Desde senos frontales hasta las últimas cervicales.

15. c) Curva densitométrica.

16. a) Bipedestación.

17. a) Primarias.

18. c) El que va desde el hueso hioides hasta 2 cm debajo de la calota.

19. d) Proyección de Hirtz.

20. c) La secuencia FLAIR en plano sagital es útil para valorar lesiones infiltrantes de médula espinal.

TEST N.º 19

Exploración radiológica del abdomen simple: técnica radiográfica, proyecciones y técnicas radiográficas especiales. Criterios de calidad de la imagen

1. ¿Cuál es la primera exploración radiológica que se realiza en el Servicio de Urgencias en caso de manifestaciones abdominales?

a) Radiografía PA de tórax.
b) Radiografías PA y L de tórax.
c) Radiografía simple de abdomen.
d) TC de abdomen.

2. ¿En qué situación patológica es imprescindible para su valoración una radiografía simple de abdomen?

a) En caso de sospecha de gastroenteritis aguda.
b) En caso de sospecha de abdomen agudo.
c) Son correctas la a) y la b).
d) Son incorrectas la a) y la b).

3. ¿Cuál suele ser la primera placa radiográfica simple que le prescriben al paciente o esta junto a otras, por una clínica de dolor abdominal, estreñimiento, síntomas urinarios o dolor de espalda, con la finalidad de identificar o tener una idea de su origen?

a) AP de abdomen en bipedestación.
b) L de abdomen.
c) AP de abdomen en decúbito lateral, con el rayo horizontal.
d) AP de abdomen en decúbito supino.

4. ¿Cuál de las siguientes proyecciones no se realiza en un estudio radiológico ante la sospecha de abdomen agudo?

a) PA de tórax.
b) AP de abdomen en decúbito supino.

c) AP de abdomen en bipedestación o en decúbito lateral.

d) L de abdomen en decúbito supino.

5. ¿En qué proyecciones simple de abdomen se pueden observar niveles aire-líquido/hidro-aéreo?

a) AP de abdomen en bipedestación.

b) AP de abdomen en decúbito lateral.

c) Son correctas la a) y la b).

d) Son incorrectas la a) y la b).

6. ¿A qué estructuras están asociadas las líneas grasas que se observan en las radiografías simples de abdomen?

a) A los músculos abdominales.

b) A los vasos sanguíneos.

c) A los órganos abdominales.

d) Al tubo digestivo (estómago, bulbo duodenal, intestino y recto).

7. ¿Qué articulaciones de estas se visualizan en las radiografías simples de abdomen?

a) Articulaciones sacroilíacas.

b) Sínfisis púbica.

c) Articulaciones coxofemorales.

d) Se deben visualizar todas las anteriores.

8. ¿Qué estructura anatómica es la marcada con una X (para su visualización con el ratón he trazado una línea roja en parte de su recorrido)?

a) Ángulo hepático del colon.

b) Colon transverso.

c) Colon sigmoideo.

d) Ángulo esplénico del colon.

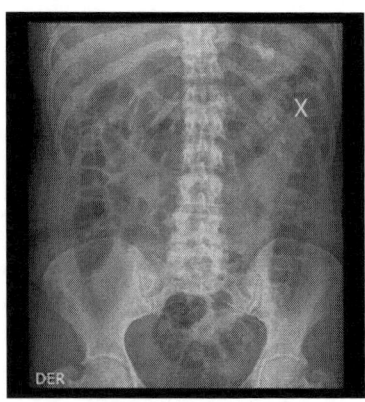

Imagen pregunta 8

9. ¿Qué miliamperaje se aplicará generalmente en los exámenes radiográficos simples de abdomen?

a) Un miliamperaje entre 50 y 100 mA.
b) Un miliamperaje entre 100 y 190 mA.
c) Un miliamperaje entre 200 y 300 mA.
d) Un miliamperaje entre 310 y 400 mA.

10. ¿Cuál de las siguientes afirmaciones sobre la radiografía simple de abdomen es incorrecta?

a) En general se utiliza un kilovoltaje entre 70 y 90 kV.
b) La distancia foco-receptor de imagen (DFI) debe ser de 115 cm y es necesario utilizar rejilla antidifusora (móvil cuando el estudio se realiza en una mesa de exploración o fija si se utilizan aparatos portátiles).
c) El tiempo de exposición será largo, que se compensa con apoyos en la cabeza, rodillas, etc., para que esté relajado y no se mueva y evitar así la borrosidad cinética.
d) La exploración se realiza con la respiración detenida, generalmente después de una espiración forzada.

11. ¿De qué zona a qué otra de nuestro cuerpo en altura, se debe incluir en la placa simple de abdomen en decúbito supino (AP)? Se debe incluir en la exploración desde:

a) Justo por encima de los polos superiores renales hasta la sínfisis púbica.
b) Justo por debajo de los polos inferiores renales hasta la sínfisis púbica.
c) La D5 a las alas de las palas ilíaca.
d) Ninguna de las anteriores es correcta.

12. ¿Qué proyección simple de abdomen es más probable ante este posicionamiento?

a) AP de abdomen en bipedestación.
b) L de abdomen.
c) AP de abdomen en decúbito lateral, con el rayo horizontal.
d) AP de abdomen en decúbito supino.

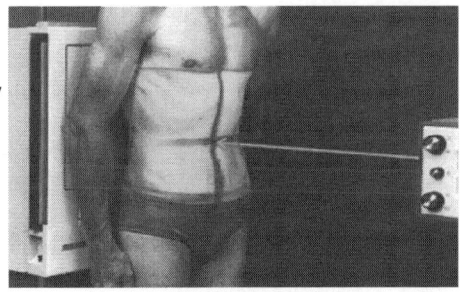

Imagen pregunta 12

13. ¿Qué proyección simple de abdomen es más probable ante este posicionamiento?

a) AP de abdomen en decúbito supino.
b) AP de abdomen en decúbito lateral, con el rayo horizontal.
c) AP de abdomen en bipedestación.
d) L de abdomen.

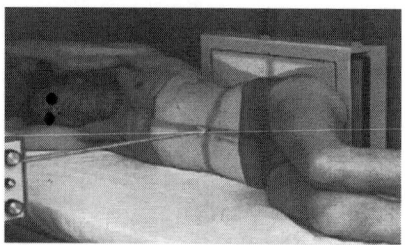

Imagen pregunta 13

14. ¿Qué lesión es la marcada con la flecha en esta proyección de AP de abdomen en decúbito lateral, con el rayo horizontal?

a) Neumoperitoneo.
b) Neumonía.
c) Colecistitis.
d) Litiasis en vesícula.

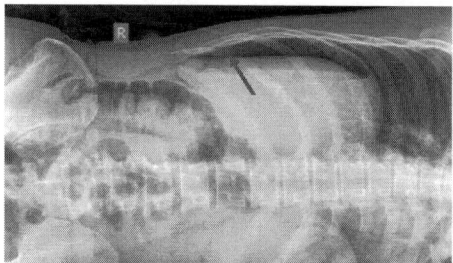

Imagen pregunta 14

15. ¿Qué afirmación es cierta de la proyección anteroposterior en decúbito lateral?

a) El paciente debe permanecer cinco minutos tumbado sobre el lado izquierdo antes de realizar la exploración, y posteriormente se cambia al lado derecho para de inmediato hacer el disparo.
b) Tiene el objetivo contrario que la AP en bipedestación.
c) Suele realizarse en decúbito lateral izquierdo.
d) Todo lo anterior es cierto.

16. ¿Qué criterio de evaluación en la proyección AP en decúbito supino de los que se nombran no es correcto?

a) Debe estar bien colimada.
b) Las apófisis espinosas no deben quedar del todo en el centro de los cuerpos vertebrales y ambas alas ilíacas serán asimétricas.
c) Debe estar bien penetrada.
d) La columna vertebral debe quedar en el centro de la radiografía y las costillas y ambos lados de la pelvis tienen que estar a la misma distancia con respecto a los dos bordes de la placa.

17. ¿Qué es cierto de la técnica radiográfica que se emplea en una radiografía de abdomen?

a) Se emplea un kilovoltaje entre 50-60 kV.
b) Se emplea un miliamperaje elevado, entre 80 y 110 mA.
c) Se emplea un n tiempo de exposición muy corto.
d) Todas las respuestas anteriores son correctas.

18. ¿Cuál de las siguientes afirmaciones sobre la radiografía simple de abdomen es incorrecta?

a) El rayo central es perpendicular a la película.
b) Se utiliza técnica de bajo kilovoltaje (70-90kV).
c) Se utiliza como placa preliminar en estudios abdominales con contraste.
d) La exposición se debe realizar al final de la fase inspiratoria de la respiración.

19. ¿Cuál debe ser la distancia foco-receptor de imagen (DFI) en una radiografía simple de abdomen?

a) 80 cm.
b) 100 cm.
c) 115 cm.
d) 150 cm.

20. ¿Cuál de estas es una indicación en cuanto a la protección radiológica que debe seguirse en la realización de una radiografía simple de abdomen?

a) Deben utilizarse protectores gonadales en pacientes en edad reproductiva siempre que ello no suponga la omisión de datos radiológicos importantes.
b) Ha de aplicarse la regla de los diez días en mujeres.
c) Tiene que utilizarse una banda de compresión a nivel abdominal.
d) Deben utilizarse protectores gonadales en pacientes en edad reproductiva siempre que ello no suponga la omisión de datos radiológicos importantes, y debe aplicarse la regla de los diez días en mujeres.

En MADTEST tienes **más preguntas de este tema**, y todos tus avances quedan registrados y se reflejan en el ranking.

¡Supera tus límites con MADTEST!

Solución al test n.º 19

1. c) Radiografía simple de abdomen.

2. b) En caso de sospecha de abdomen agudo.

3. d) AP de abdomen en decúbito supino.

4. d) L de abdomen en decúbito supino.

5. c) Son correctas la a) y la b).

6. a) A los músculos abdominales.

7. d) Se deben visualizar todas las anteriores.

8. d) Ángulo esplénico del colon.

9. c) Un miliamperaje entre 200 y 300 mA.

10. c) El tiempo de exposición será largo, que se compensa con apoyos en la cabeza, rodillas, etc., para que esté relajado y no se mueva y evitar así la borrosidad cinética.

11. a) Justo por encima de los polos superiores renales hasta la sínfisis púbica.

12. a) AP de abdomen en bipedestación.

13. b) AP de abdomen en decúbito lateral, con el rayo horizontal.

14. a) Neumoperitoneo.

15. c) Suele realizarse en decúbito lateral izquierdo.

16. b) Las apófisis espinosas no deben quedar del todo en el centro de los cuerpos vertebrales y ambas alas ilíacas serán asimétricas.

17. c) Se emplea un n tiempo de exposición muy corto.

18. d) La exposición se debe realizar al final de la fase inspiratoria de la respiración.

19. c) 115 cm.

20. d) Deben utilizarse protectores gonadales en pacientes en edad reproductiva siempre que ello no suponga la omisión de datos radiológicos importantes, y debe aplicarse la regla de los diez días en mujeres.

Exploración radiológica del tórax: técnica radiográfica simple, proyecciones, técnicas radiográficas especiales. Radioscopia. Estudios con TC y RM. Criterios de calidad de la imagen

1. ¿Qué logramos en la PA de tórax al posicionar al paciente con las manos colocadas en jarra, y el desplazamiento ligero de los codos hacia delante?

a) Una mayor expansión pulmonar.
b) Que el esternón quede fuera de los campos pulmonares.
c) Que las escápulas queden fuera de los campos pulmonares.
d) Todo lo anterior es cierto.

2. ¿En qué patología se hace necesaria la proyección PA de tórax en espiración, para así demostrar atrapamiento aéreo?

a) Neumonía.
b) Neumotórax.
c) Insuficiencia cardíaca aguda.
d) Traumatismo torácico múltiple (músculo-esquelético).

3. ¿Dónde se centrará el rayo central en la PA de tórax?

a) A la altura del manubrio esternal.
b) A la altura de la 4.ª, 5.ª o 6.ª vértebra torácica.
c) A la altura de la horquilla esternal.
d) A la altura de la 1.ª, 2.ª o 3.ª vértebra torácica.

4. ¿Cuál es el principal motivo de hacer la lateral de tórax?

a) El oscurecimiento cardíaco en la PA, de un tercio de los pulmones y el diafragma.
b) El oscurecimiento esternal en la PA, de silueta cardíaca y venas ácigos.

c) El oscurecimiento vertebral en la PA, de estructuras mediastínicas superiores, medias e inferiores.

d) Todo lo anterior es cierto.

5. ¿Cuál debe ser la Distancia Foco Placa o Película (DFP) en la radiografía Lateral simple de tórax?

a) 1 m.
b) 1,50 m.
c) 1,80 m.
d) 2 m.

6. ¿Qué proyección es la de la imagen (se acompaña el posicionamiento del paciente)?

a) PA de tórax en espiración e inspiración forzada.
b) PA de tórax sin inspirar.
c) AP de tórax.
d) AP axial de tórax.

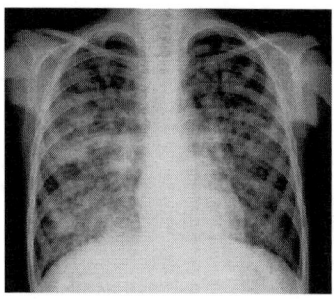

Imagen pregunta 6

7. ¿En qué circunstancias de estas está indicada la AP de tórax en vez de la PA?

a) Se emplea en pacientes encamados con escasa movilidad.
b) Se emplea en niños pequeños, al no tolerar bien la PA.
c) Son correctas a) y b).
d) Son incorrectas a) y b).

8. ¿Qué otro nombre recibe la proyección AP axial de tórax (método de *Lindblom*)?

a) Proyección en decúbito lateral con rayo horizontal.
b) Proyección lordótica.
c) Proyección AP simple de tórax.
d) Proyección oblicua de tórax.

9. ¿Con qué proyección de tórax de las que se nombran se visualizan mejor los vértices pulmonares y se define con mayor claridad las lesiones que asienten en el lóbulo medio y en la língula pulmonar?

c) En la proyección AP simple de tórax.

d) En la proyección oblicua de tórax.

c) En la proyección en decúbito lateral con rayo horizontal.

d) En la proyección AP axial de tórax (método de Lindblom).

10. ¿Qué proyección habilita el posicionamiento del paciente de la imagen?

a) La proyección PA simple de tórax.

b) La proyección lordótica (método de Lindblom).

c) La proyección AP simple de tórax.

d) La proyección oblicua de tórax.

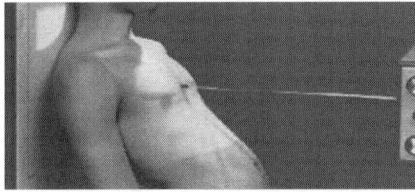

Imagen pregunta 10

11. ¿Qué proyección simple de tórax es la más indicada para estudiar niveles hidroaéreos?

a) Proyección lordótica.

b) Proyección oblicua de tórax.

c) En decúbito lateral con rayo horizontal.

d) AP axial de tórax (método de Lindblom).

12. ¿Dónde se localiza la densidad agua estructuralmente en una PA simple de tórax?

a) Parénquima pulmonar.

b) Corazón y grandes vasos.

c) Tejido adiposo rodeando los músculos del tórax.

d) Costillas, esternón y extremidad proximal del húmero.

13. ¿Qué estructura anatómica se muestra radiológicamente como una sombra lineal de convexidad superior que delimita la densidad aire del pulmón con la densidad agua del abdomen?

a) Músculos pectorales.

b) Diafragma.

c) Pleura.

d) Cisura pulmonar.

14. ¿Qué estructura cavitaria cardíaca de la imagen es la marcada con una X?

a) Ventrículo derecho.
b) Ventrículo izquierdo.
c) Aurícula derecha.
d) Aurícula izquierda.

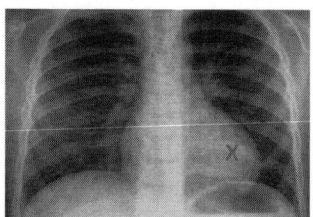

Imagen pregunta 14

15. Indica, de la imagen, qué estructura es la marcada con una X:

a) Diafragma.
b) Costilla.
c) Esternón.
d) Prótesis.

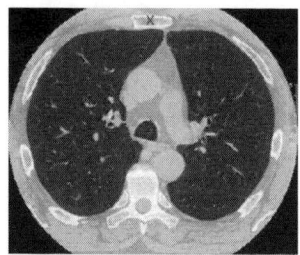

Imagen pregunta 15

16. Indica, de la imagen, qué estructura es la marcada con una X:

a) Vena cava inferior.
b) Vena cava superior.
c) Aorta ascendente.
d) Aorta descendente.

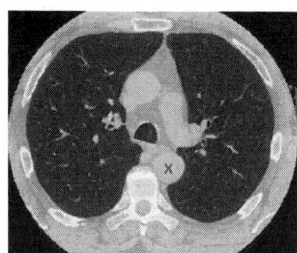

Imagen pregunta 16

17. Indica, de la imagen, qué estructura es la marcada con una X:

a) Tráquea.
b) Esófago.
c) Campo pulmonar de la língula.
d) Venas ácigos.

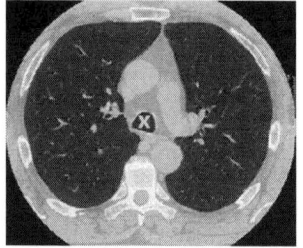

Imagen pregunta 17

18. Indica en este TC de tórax (ventana mediastínica), qué estructura anatómica expresa la letra X, siendo este corte axial alto a nivel de esternón (manubrio):

a) Esófago.
b) Tráquea.
c) Aorta.
d) Hioides.

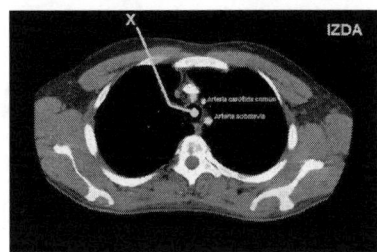

Imagen pregunta 18

19. ¿Qué arterias son mayoritariamente las causantes de la hemoptisis amenazante?

a) No bronquiales.
b) Toráxicas.
c) Bronquiales.
d) Subclavias.

20. ¿Qué exploraciones o protocolos son frecuentes en la práctica diaria en los estudios TC con una sola inyección de contraste intravenoso (I.V.)?

a) Exámenes PET-TC.
b) Exámenes SPECT-TC.
c) Protocolos combinados (de varias zonas anatómicas).
d) Son ciertas a) y b).

En MADTEST tienes **más preguntas de este tema**, y todos tus avances quedan registrados y se reflejan en el ranking.

¡Supera tus límites con MADTEST!

Solución al test n.º 20

1. d) Todo lo anterior es cierto.

2. . b) Neumotórax.

3. b) A la altura de la 4.ª, 5.ª o 6.ª vértebra torácica.

4. a) El oscurecimiento cardíaco en la PA, de un tercio de los pulmones y el diafragma.

5. c) 1,80 m.

6. c) AP de tórax.

7. c) Son correctas a) y b).

8. b) Proyección lordótica.

9. d) En la proyección AP axial de tórax.

10. b) La proyección lordótica.

11. c) En decúbito lateral con rayo horizontal.

12. b) Corazón y grandes vasos.

13. b) Diafragma.

14. b) Ventrículo izquierdo.

15. c) Esternón.

16. d) Aorta descendente.

17. a) Tráquea.

18. b) Tráquea.

19. c) Bronquiales.

20. c) Protocolos combinados (de varias zonas anatómicas).

TEST N.º 21

Técnicas radiológicas y de imagen para el estudio cardíaco: cateterismo cardíaco. Tipos. Técnicas no invasivas. Indicaciones. Papel del técnico. Estudios con TC y RM

1. ¿Por qué vía se lleva a cabo los procedimientos intervencionistas más comunes?

a) Nasal.
b) Percutánea.
c) Rectal.
d) Uretral.

2. ¿Qué nombre recibe también la arteriografía empleada en radiología intervencionista?

a) Endoprótesis.
b) Berenstein.
c) Cateterismo.
d) Ablación.

3. ¿Para tratar qué estenosis se emplean las angioplastias más comunes?

a) Las estenosis en arterias y venas.
b) Las estenosis en vías biliares y vasos sanguíneos (arterias y venas).
c) Las estenosis en aparato digestivo y vasos sanguíneos (arterias y venas).
d) Las estenosis en vías biliares, aparato digestivo (tubo) y vasos sanguíneos (arterias y venas).

4. La ACTP es la técnica indicada en la revascularización de:

a) Arteria femoral.
b) Vena cava.
c) Arteria coronaria.
d) Arteria humeral.

5. Una de las posibles complicaciones que pueden presentarse en la ACTP es:

a) Arritmia cardiaca.
b) Sangrado en el abdomen.
c) Reestenosis.
d) Aumento brusco del diámetro del vaso.

6. ¿Qué técnica es utilizada para cerrar el aporte sanguíneo a tumores?

a) Angioplastia.
b) Embolización vascular.
c) Trombólisis.
d) Angiografía.

7. ¿Mediante qué técnica conseguimos disolver coágulos en el interior de un vaso sanguíneo?

a) Terapia de choque.
b) Láser.
c) Trombólisis.
d) Son todas falsas.

8. ¿Cuál es el tratamiento de la hemorragia por varices en pacientes con cirrosis hepática?

a) Sedición.
b) Derivación portosistémica.
c) Analgésicos.
d) Prótesis.

9. El varicocele es:

a) Una malformación de las venas del testículo.
b) Una alteración cardíaca.
c) Causa de infertilidad en la mujer.
d) Una malformación del escroto.

10. ¿Qué casos de estas indicaciones de la nefrostomía percutánea no es por obstrucción de una vía?

a) Litiasis ureteral.
b) Fístulas de vías urinarias.
c) Tumores prostáticos.
d) Tumores vesicales.

11. ¿Qué cateterismo es utilizado en mujeres debido a la infertilidad?

a) Cateterismo ovular.
b) Cateterismo mamario.
c) Cateterismo de las trompas de Falopio.
d) Ninguna es correcta.

12. La embolia de pulmón, generalmente, está producida por émbolos procedentes de:

a) Brazos.
b) Tórax.
c) Piernas.
d) Abdomen.

13. En el tratamiento de la embolia de pulmón, para impedir la llegada del émbolo a este se coloca un filtro en:

a) Arteria coronaria.
b) Vena cava.
c) Arterias pulmonares.
d) Aorta.

14. ¿Cuál es el objetivo del catéter empleado en el drenaje de colecciones y abscesos al introducirlos en el interior de una cavidad por vía percutánea?

a) Vaciar líquido infectado.
b) Introducir medicación.
c) Es una técnica en desuso.
d) Hacer una transfusión.

15. ¿Qué estructura anatómica del corazón y grandes vasos es la marcada con el número 14 de la imagen?

a) Válvula aórtica.
b) Válvula pulmonar.
c) Válvula tricúspide.
d) Válvula bicúspide o mitral.

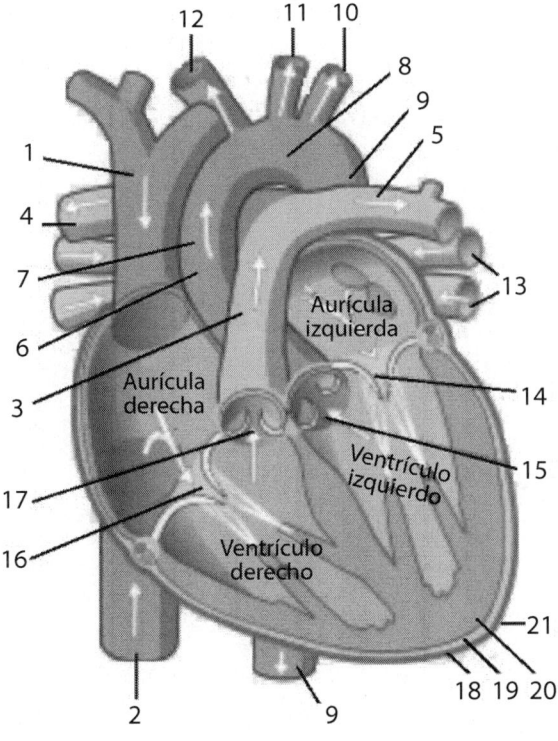

Imagen pregunta 15

16. ¿Qué dispositivos cardíacos no son compatibles con la cardioRM?

a) Prótesis valvulares.
b) Balón contrapulsasión.
c) Stents.
d) TAVI.

17. ¿Qué modalidad de antena se emplean en la actualidad más habitualmente en los estudios de cardioRM?

a) Antenas o bobinas Body.
b) Antenas o bobinas Phased-Array.
c) Antenas o bobinas Body-Array.
d) Ninguna de las anteriores.

18. ¿En términos generales con qué punto anatómico haremos coincidir la línea de centraje en un estudio de cardioRM? La haremos coincidir con:

a) La zona superior del manubrio esternal.
b) El centro del apéndice xifoides.
c) La mitad del esternón.
d) La zona inferior del manubrio esternal.

19. ¿Qué plano intrínseco del corazón es el que se visualiza en la imagen de RM?

a) Eje largo horizontal.
b) Cuatro cámaras.
c) Eje largo vertical.
d) Eje corto.

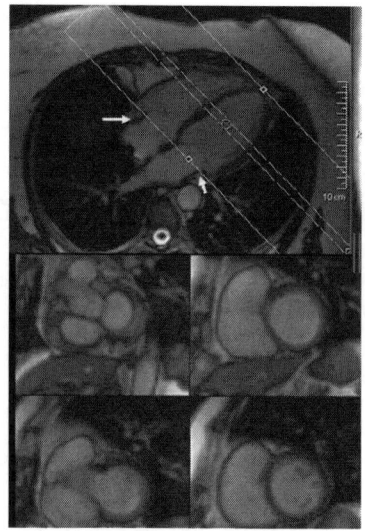

Imagen pregunta 19

20. ¿Cuál es el estudio más importante para el diagnóstico correcto de las enfermedades de la aorta?

a) Eco Doppler color.
b) Cardio-TC.
c) Cardio-RM.
d) Ventriculogammagrafía de dos tiempos.

En MADTEST tienes **más preguntas de este tema**, y todos tus avances quedan registrados y se reflejan en el ranking.

¡Supera tus límites con MADTEST!

Solución al test n.º 21

1. b) Percutánea.

2. c) Cateterismo.

3. d) Las estenosis en vías biliares, aparato digestivo y vasos sanguíneos.

4. c) Arteria coronaria.

5. c) Reestenosis.

6. b) Embolización vascular.

7. c) Trombólisis.

8. b) Derivación portosistémica.

9. a) Una malformación de las venas del testículo.

10. b) Fístulas de vías urinarias.

11. c) Cateterismo de las trompas de Falopio.

12. c) Piernas.

13. b) Vena cava.

14. a) Vaciar líquido infectado.

15. d) Válvula bicúspide o mitral.

16. b) Balón contrapulsasión.

17. b) Antenas o bobinas Phased-Array.

18. c) La mitad del esternón.

19. d) Eje corto.

20. c) Cardio-RM.

Exploración radiológica de la pelvis, cadera y extremidad inferior. Técnica radiográfica simple. Proyecciones. Estudios con TC y RM. Criterios de calidad de la imagen

1. ¿Qué zona anatómica de la pelvis es la marcada con una X?

a) Sacro.
b) Borde pélvico.
c) Coxis.
d) Fóvea.

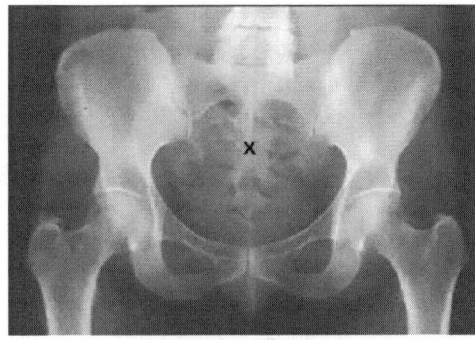

Imagen pregunta 1

2. ¿Sobre dónde incidirá el rayo central en una proyección oblicua AP de acetábulo? Incidirá perpendicularmente:

a) Sobre el acetábulo afecto.
b) Sobre la espina ilíaca anterosuperior.
c) Sobre el agujero obturador.
d) Con una angulación craneal de 12º a través del acetábulo afecto.

3. ¿Qué línea se toma de referencia anatómica para la evaluación radiográfica de la articulación de la cadera?

a) Iliopectínea.
b) De Hilgenreiner.
c) Áspera.
d) Innominadas.

4. ¿Cómo se posicionará al paciente en una proyección oblicua AP del acetábulo?

a) En bipedestación.
b) Sentado.
c) En decúbito supino.
d) En decúbito lateral.

5. ¿Qué blindajes son los más empleados en los pacientes en los estudios radiográficos de acetábulo?

a) Guantes cauchoplomados.
b) Batas cauchoplomadas.
c) Protectores gonadales.
d) Antidifusores.

6. La proyección de Teufel es:

a) Oblicua PA del acetábulo.
b) Oblicua AP del acetábulo.
c) L del acetábulo.
d) AP del acetábulo.

7. ¿Qué proyecciones radiográficas se suelen hacer del ilion? Las proyecciones:

a) L y PA.
b) AP y L.
c) AP y PA (OPD y OPI).
d) Sólo oblicuas.

8. ¿Qué estructura anatómica es la marcada con el número 2 en este TC óseo?

a) Trocánter menor derecho.
b) Trocánter menor izquierdo.
c) Trocánter mayor izquierdo.
d) Trocánter mayor derecho.

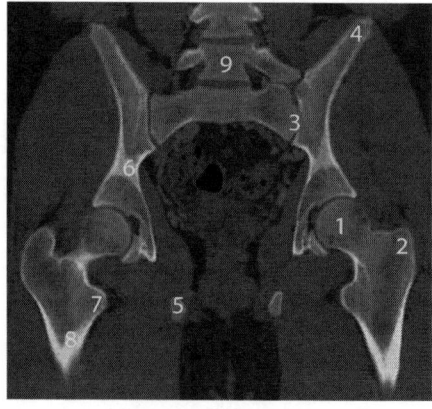

Imagen pregunta 8

9. ¿Qué estructura anatómica es la marcada con una X en este TC óseo?

a) Capitel tibial derecho.
b) Cóndilo femoral derecho.
c) Tróclea femoral derecha.
d) Plano poplíteo izquierdo.

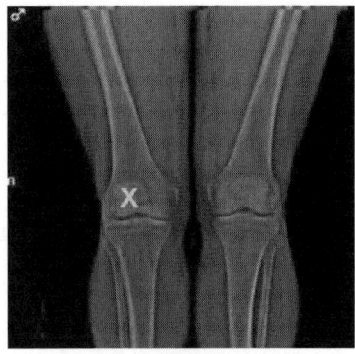

Imagen pregunta 9

10. ¿Cuál debe ser el posicionamiento del paciente en los estudios TC de medición de miembros inferiores? Debe ser en:

a) Decúbito supino con rotación externa de los pies de 15º, poniendo un apoyo plantar.
b) Decúbito supino con rotación externa de los pies de 45º, poniendo un apoyo plantar.
c) Decúbito prono con rotación interna de los pies de 30º, poniendo un apoyo plantar.
d) Bipedestación.

11. ¿Qué indica la letra «h» de la imagen?

a) Vena crural.
b) Arteria femoral.
c) Arteria ilíaca.
d) Vena safena mayor.

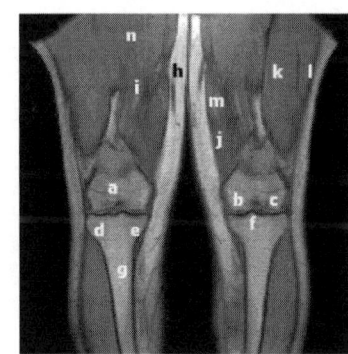

Imagen pregunta 11

12. ¿Cuál es la zona anatómica de referencia en la proyección lateral de cadera o en pata de rana o método de Löwenstein/Lauenstein?

a) Justo por debajo del cáput femoral.
b) Cuello femoral.
c) Sínfisis púbica si no es bilateral.
d) Ninguno de los anteriores.

13. ¿Qué zona anatómica se estudia con el método de Cleaves modificado?

a) Rodillas.
b) Tobillo/pie.
c) Cadera y zona proximal del fémur.
d) Pierna (zona tibial).

14. ¿Qué proyección se está realizando en este posicionamiento?

a) Proyección oblicua AP Cleaves original.
b) Proyección oblicua AP Cleaves modificado bilateral.
c) Proyección oblicua AP Cleaves modificado unilateral.
d) Proyección axial de cadera.

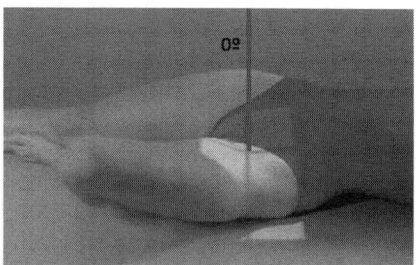

Imagen pregunta 14

15. ¿Qué zona anatómica se examina con la proyección lateroaxial de Friedman?

a) Cadera y zona proximal del fémur.
b) Rodillas.
c) Pierna (zona peroneal).
d) Tobillo/pie.

16. ¿Qué proyección de rótula es la de la imagen?

a) La proyección axial PA de rodilla (Método de Holmblad).
b) La proyección oblicua.
c) La proyección tangencial.
d) La proyección axial PA de rodilla (Método de Camp-Coventry).

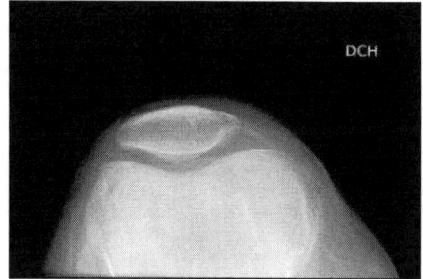

Imagen pregunta 16

17. ¿Qué zona anatómica se estudia con el método de Rosenberg?

a) Rodillas.
b) Tobillo/pie.
c) Cadera y zona proximal del fémur.
d) Pierna (zona tibial).

18. ¿Hacia dónde se dirigirá el rayo central en la proyección tangencial en sol naciente de rótula (método de Settegast)?

a) A la interlínea articular femororrotuliana.
b) Con un ángulo de inclinación inferior de 40º incidiendo a nivel anatómico a 1 cm por debajo de la rótula (hueco poplíteo).
c) A la zona media de la pierna afecta.
d) Al centro de la rótula.

19. ¿Cuál es el punto de referencia anatómico para el centrado en la proyección L de tobillo?

a) Entre ambos maléolos.
b) El maléolo externo.
c) El maléolo interno.
d) El centro del calcáneo.

20. ¿Qué proyección evalúa las alteraciones que sufre la curvatura plantar, tales como el pie plano, el pie valgo y el pie cavo?

a) La proyección AP o PA de pie en carga.
b) La proyección L de pie en carga.
c) La proyección oblicua de pie AP con rotación lateral.
d) La proyección oblicua de pie PA con rotación medial.

En MADTEST tienes **más preguntas de este tema**, y todos tus avances quedan registrados y se reflejan en el ranking.

¡Supera tus límites con MADTEST!

Solución al test n.º 22

1. c) Coxis.

2. a) Sobre el acetábulo afecto.

3. b) De Hilgenreiner.

4. c) En decúbito supino.

5. c) Protectores gonadales.

6. a) Oblicua PA del acetábulo.

7. c) AP y PA.

8. c) Trocánter mayor izquierdo.

9. c) Tróclea femoral derecha.

10. a) Decúbito supino con rotación externa de los pies de 15º, poniendo un apoyo plantar.

11. d) Vena safena mayor.

12. b) Cuello femoral.

13. c) Cadera y zona proximal del fémur.

14. c) Proyección oblicua AP Cleaves modificado unilateral.

15. a) Cadera y zona proximal del fémur.

16. c) La proyección tangencial.

17. a) Rodillas.

18. a) A la interlínea articular femororrotuliana .

19. c) El maléolo interno.

20. b) La proyección L de pie en carga.

Exploración radiológica de la cintura escapular y de la extremidad superior. Técnica radiográfica simple. Proyecciones. Estudios con TC y RM. Criterios de calidad de la imagen

1. ¿Qué afirmación es incorrecta de la proyección AP de hombro?

a) El punto anatómico de referencia es la apófisis coracoides de la escápula (dos dedos por debajo de esta).

b) El miembro debe estar flexionado y hacer que haya una cierta rotación interna de la articulación.

c) Generalmente se posiciona al paciente en bipedestación o en decúbito supino, y se le gira hasta que la parte posterior del hombro choque con el bucky.

d) Se debe visualizar de perfil troquíter y cáput (algo superpuesto a la cavidad glenoidea), y se deben observar tanto detalles óseos como de partes blandas, ya que a veces se presentan calcificaciones en la zona.

2. ¿En qué estudio de la articulación del hombro existe cierta superposición de troquíter con cabeza humeral, y el troquín lo hace con la cavidad glenoidea del omóplato?

a) AP de hombro en rotación externa.

b) AP de hombro en rotación neutra.

c) AP de hombro en rotación interna.

d) En ninguno de los anteriores.

3. ¿Cuál es el punto de centrado en la lateral transtorácica (método de Lawrence)?

a) El cuello quirúrgico del húmero de la articulación afecta.

b) El cuello quirúrgico del húmero de la articulación no afecta.

c) La apófisis coracoides de la articulación afecta.

d) La apófisis coracoides de la articulación no afecta.

4. ¿Qué proyección consideras idónea para descartar luxaciones escapulohume-rales de manera inicial?

a) Proyección estándar AP de hombro.
b) Proyección lateral transtorácica (método de Lawrence).
c) Son correctas las respuestas a) y b).
d) Son incorrectas las respuestas a) y b).

5. ¿Con qué se corresponde los brazos de la Y en la proyección anterior oblicua o proyección de la escápula en "Y" descrita por Rubin, Gray y Green?

a) Con el acromion de la escápula y el troquíter del húmero.
b) Con el acromion y la apófisis coracoides de la escápula.
c) Con la apófisis coracoides de la escápula y el troquíter del húmero.
d) Con el acromion de la escápula y el cáput humeral.

6. ¿Qué proyección es el método de Pearson?

a) La proyección apical oblicua del hombro.
b) Las proyecciones AP o PA acromioclaviculares.
c) La proyección PA de clavículas.
d) La proyección PA bilateral de escápulas.

7. ¿Con qué proyección se deben iniciar los exámenes radiográficos del codo?

a) Con la proyección L.
b) Con la proyección AP.
c) Con la proyección oblicua.
d) Con la proyección axial.

8. ¿Qué debemos ver en la proyección PA de muñeca?

a) La epífisis distal del radio y los huesos de la hilera proximal del carpo sin rotación.
b) La epífisis distal del cúbito de forma algo oblicua.
c) Las dos hileras del carpo, y las zonas más proximales de cúbito y radio.
d) Son correctas las respuestas a) y b).

9. ¿Cuál es el punto anatómico de referencia en la proyección L de muñeca?

a) La apófisis estiloides del radio.
b) La apófisis estiloides del cúbito.
c) El punto medio del antebrazo.
d) El hueso pisciforme.

10. ¿Cómo se coloca el paciente en la proyección axial o tangencial de la muñeca o método de Gaynor-Hart?

a) Bipedestación.
b) Decúbito supino.
c) Sentado.
d) Decúbito prono.

11. En el método de Stecher se posiciona la mano en PA, sobre un dispositivo con plano inclinado y con elevación de los dedos con un ángulo respecto al plano de la mesa de aproximadamente:

a) 5º.
b) 20º.
c) 40º.
d) No se elevan los dedos con ningún dispositivo para formar angulaciones.

12. ¿Cuál es el punto anatómico de referencia para realizar el centrado en una proyección PA de mano?

a) El hueso grande del carpo.
b) El hueso ganchoso del carpo.
c) La articulación carpometacarpiana II.
d) La articulación metacarpofalángica III.

13. ¿Qué grado de rizartrosis es observable radiográficamente si se visualiza una disminución del espacio articular, y osteofitosis menor de 2 mm con menos de un tercio de la superficie articular subluxada?

a) I.
b) II.
c) III.
d) IV.

14. ¿Qué proyección es la del posicionamiento de la imagen?

a) Proyección oblicua AP de mano en rotación interna o medial (método de Norgaard).
b) Proyección oblicua PA de mano.
c) Proyección PA de mano en flexión cubital.
d) Proyección oblicua PA de mano en rotación externa o lateral (método de Nigiri).

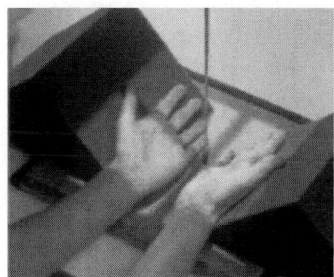

Imagen pregunta 14

15. ¿Qué estructura anatómica indica el número 4 de la imagen?

a) Cejas cotiloideas.
b) Cuello humeral.
c) Músculo deltoides.
d) Cavidad glenoidea de la escápula.

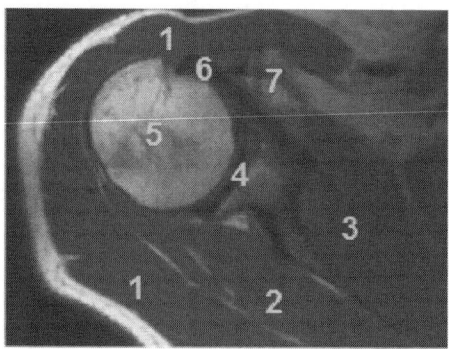

Imagen pregunta 15

16. ¿Qué numeración se corresponde con el hueso "grande" de la muñeca?

a) 8.
b) 5.
c) 4.
d) 1.

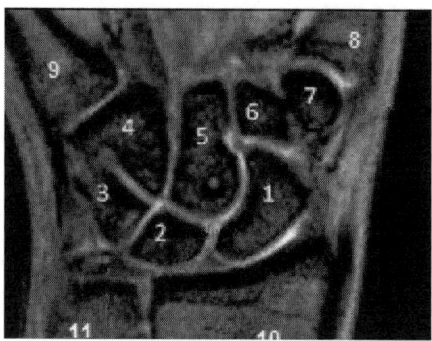

Imagen pregunta 16

17. ¿Qué significa si el caput humeral está por debajo del acromion en la proyección de la escapula en "Y"?

a) Que existe fractura de omoplato.
b) Que hay luxación anterior de hombro.
c) Que existe fractura de cuello anatómico de humero.
d) Que hay luxación posterior de hombro.

18. ¿Qué elemento anatómico en condiciones normales se debe visualizar en la proyección de la escapula en "Y" entre ambos extremos superiores de la letra, como exposición especial de hombro?

a) Acromion.
b) Apófisis coracoides.

c) Espina escapular.
d) Caput humeral.

19. ¿Qué elementos anatómicos deben contener las radiografías del complejo articular del carpo?

a) Epífisis proximales y distales de cubito/radio, carpo completo y la cabeza de los metacarpianos.
b) Epífisis distales de cubito/radio, carpo completo y la cabeza de los metacarpianos.
c) Epífisis distales de cubito/radio, carpo completo y la base de los metacarpianos.
d) Epífisis distal del humero, las epífisis proximales y distales de cubito/radio, carpo completo y la cabeza de los metacarpianos.

20 ¿Qué hueso se estudia especialmente con la proyección PA de mano en flexión cubital?

a) Piramidal.
b) Trapecio.
c) Semilunar.
d) Escafoides.

Solución al test n.º 23

1. b) El miembro debe estar flexionado y hacer que haya una cierta rotación interna de la articulación.

2. c) AP de hombro en rotación interna.

3. a) El cuello quirúrgico del húmero de la articulación afecta.

4. c) Son correctas las respuestas a) y b).

5. b) Con el acromion y la apófisis coracoides de la escápula.

6. b) Las proyecciones AP o PA acromioclaviculares.

7. a) Con la proyección L.

8. d) Son correctas las respuestas a) y b).

9. a) La apófisis estiloides del radio.

10. c) Sentado.

11. b) 20º.

12. d) La articulación metacarpofalángica III.

13. b) II.

14. a) Proyección oblicua AP de mano en rotación interna o medial.

15. d) Cavidad glenoidea de la escápula.

16. b) 5.

17. d) Que hay luxación posterior de hombro.

18. d) Caput humeral.

19. c) Epífisis distales de cubito/radio, carpo completo y la base de los metacarpianos.

20. d) Escafoides.

TEST N.º 24

Exploración radiológica de la columna vertebral. Técnica radiográfica simple. Proyecciones. Técnicas radiográficas especiales. Estudios con TC y RM. Criterios de calidad de la imagen. Exploraciones radiológicas del sistema nervioso central. Estudios con contraste

1. ¿Qué proyecciones de la columna cervical se realizan para estudiar su capacidad de movimiento?

a) Proyección AP y Lateral.
b) Proyección PA y Lateral en flexión.
c) Proyecciones laterales en flexión y en extensión.
d) Proyecciones oblicuas AP y PA.

2. ¿Qué proyección es la lateral del nadador de las vértebras cervicotorácicas?

a) Proyección lateral con el rayo horizontal.
b) Proyecciones laterales en flexión y en extensión.
c) Proyección con Método de Swimmers/Twining.
d) Proyección con Método de Ferguson/Cobbs.

3. ¿Qué forma presenta el agujero vertebral de atlas?

a) Es pequeño y triangular.
b) Es grande y triangular.
c) Es pequeño y redondeado.
d) Es grande y más o menos pentagonal.

4. ¿Qué proyección se realiza con el objeto de observar los agujeros de conjunción en la columna lumbar desde L1 a L4?

a) AP.
b) PA.
c) Lateral.
d) Oblicua.

5. ¿Qué angulación debemos utilizar para una proyección axial AP de articulación lumbosacra?

a) Angulación caudal de 35º en mujeres, o 30º en hombres
b) Angulación cefálica de 35º en mujeres, o 30º en hombres.
c) Angulación caudal de 25º en mujeres, o 30º en hombres.
d) Angulación cefálica de 25º en mujeres, o 30º en hombres.

6. ¿Qué zona anatómica es la marcada con una X en la proyección L lumbosacra?

a) Pedículo.
b) Foramen vertebral.
c) Cuerpo vertebral de S1.
d) Promontorio.

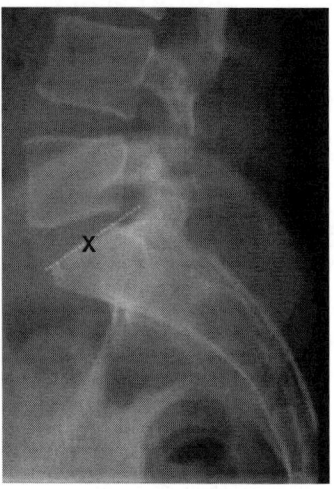

Imagen pregunta 6

7. ¿Qué zona anatómica es la marcada con una X en la proyección L lumbosacra?

a) Cuerpo vertebral de L4.
b) Arco dorsal de L4.
c) Cuerpo vertebral de L5.
d) Lámina vertebral.

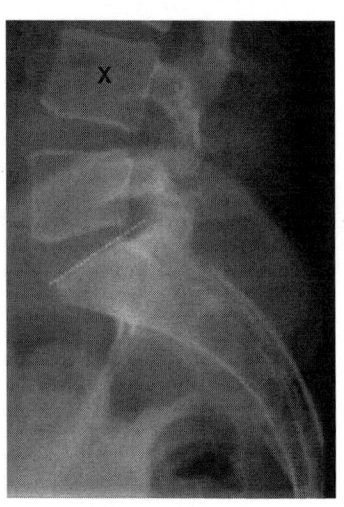

Imagen pregunta 7

8. ¿Qué zona anatómica es la marcada con una X en la proyección L lumbosacra?

a) Lámina vertebral.
b) Pedículo.
c) Foramen vertebral.
d) Apófisis espinosa.

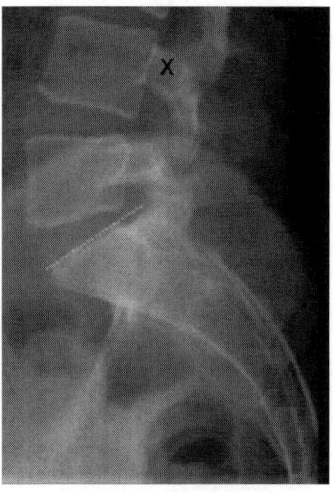

Imagen pregunta 8

9. ¿Qué evalúa mejor la RM en el raquis?

a) Patologías óseas (especialmente fracturas).
b) Enfermedades congénitas.
c) El sistema nervioso, partes blandas y sus zonas adyacentes (espacios).
d) Enfermedades degenerativas.

10. La distancia foco-película (DFP) empleada en estudios radiográficos de raquis será de:

a) 50-60 cm, dependiendo de la constitución del paciente.
b) 80-90 cm, dependiendo de la constitución del paciente.
c) 90-110 cm, dependiendo de la constitución del paciente.
d) 100-150 cm, dependiendo de la constitución del paciente.

11. ¿Qué avances en imagen médica ha conseguido la posibilidad de visualizar el cerebro del recién nacido a través de la fontanela abierta, la ausencia de radiación y la facilidad de manejo del método, que permite la exploración del lactante en su propia unidad de cuidados intensivos o incluso en el propio quirófano?

a) Ecografía.
b) Termografía.
c) Angiografía.
d) Ninguna de las anteriores.

12. Con respecto al círculo o polígono de Willis, señala la respuesta falsa:

a) Se encuentra alrededor del quiasma óptico.
b) Está formado por la anastomosis de las arterias cerebrales anteriores, medias y posteriores y completado por las arterias comunicantes.
c) La arteria comunicante posterior se origina en la carótida interna.
d) Es un sistema que asegura la perfusión del sistema nervioso central.

13. ¿Cuál es la posición más adecuada del paciente para la realización de la punción lumbar?

a) Decúbito supino con la columna flexionada para facilitar la entrada de la aguja.
b) Decúbito prono con la cabeza en extensión.
c) Posición de Trendelenburg.
d) Decúbito lateral con la columna flexionada.

14. ¿Qué instrucciones hay que dar al paciente tras la exploración mediante mielografía?

a) Tomar mucho líquido.
b) No realizar ejercicio intenso durante 1 o 2 días.
c) Mantener la cabeza elevada y no inclinarse durante un tiempo.
d) Todas las respuestas anteriores son ciertas.

15. ¿Cuál de las siguientes técnicas de imagen es indolora y sin riesgo?

a) Mielografía.
b) Angiografía.
c) TC craneal.
d) Las respuestas a) y b) son correctas.

16. Entre los métodos neurorradiológicos complementarios de mayor utilización está:

a) Gammagrafía cerebral.
b) TC craneal.
c) Mielografía.
d) Mielografía TC.

17. ¿Para qué cuestión la IRM es la más precisa y utilizada como prueba de imagen médica?

a) Ver estructuras óseas.
b) Estudios con bario.
c) Estudios de doble contraste (iodo-aire).
d) Ver pequeñas alteraciones en los tejidos de ojos y oído interno.

18. La antena o bobina escogida para el estudio del SNC (cerebral) es de serie enfasada:

a) Neurovascular con 4 canales.
b) Neurovascular con 8 canales.
c) Neurovascular con 6 canales.
d) Neurovascular con 2 canales.

19. ¿Qué posición es la más correcta y la única posible al colocar al paciente sobre la antena en un estudio de RM del SNC (cerebral)?

a) Decúbito supino introduciendo la cabeza dentro de la antena.
b) Decúbito prono introduciendo la cabeza dentro de la antena.
c) Decúbito lateral introduciendo la cabeza dentro de la antena.
d) En bipedestación introduciendo la cabeza dentro de la antena.

20. El centraje del paciente en un estudio de RM del SNC (cerebral) se realizará con el láser del equipo, que se representa en los planos:

a) Coronal y axial.
b) Sagital y coronal.
c) Sagital y axial.
d) No es necesario centrar con el láser.

En MADTEST tienes **más preguntas de este tema**, y todos tus avances quedan registrados y se reflejan en el ranking.

¡Supera tus límites con MADTEST!

Solución al test n.º 24

1. c) Proyecciones laterales en flexión y en extensión.

2. c) Proyección con Método de Swimmers/Twining.

3. d) Es grande y más o menos pentagonal.

4. c) Lateral.

5. b) Angulación cefálica de 35º en mujeres, o 30º en hombres.

6. d) Promontorio.

7. a) Cuerpo vertebral de L4.

8. b) Pedículo.

9. c) El sistema nervioso, partes blandas y sus zonas adyacentes.

10. d) 100-150 cm, dependiendo de la constitución del paciente.

11. a) Ecografía.

12. b) Está formado por la anastomosis de las arterias cerebrales anteriores, medias y posteriores y completado por las arterias comunicantes.

13. d) Decúbito lateral con la columna flexionada.

14. d) Todas las respuestas anteriores son ciertas.

15. c) TC craneal.

16. b) TC craneal.

17. d) Ver pequeñas alteraciones en los tejidos de ojos y oído interno.

18. b) Neurovascular con 8 canales.

19. a) Decúbito supino introduciendo la cabeza dentro de la antena.

20. c) Sagital y axial.

TEST N.º 25

Exploración radiológica del aparato digestivo en general. Exploración radiológica del aparato digestivo: técnica radiográfica simple. Estudios seriados con contraste. Proyecciones. Estudios con TC y RM. Criterios de calidad de la imagen. Exploración radiológica y técnicas radiográficas especiales de la vía biliar. Criterios de calidad de la imagen

1. ¿Cuál es la proyección radiográfica idónea para el examen del tracto superior del tubo digestivo?

a) Proyección AP en decúbito supino.
b) Proyección AP en bipedestación.
c) Proyección L en decúbito supino.
d) Proyección AP en decúbito lateral, con el rayo horizontal.

2. ¿Qué afirmación es incorrecta respecto a los criterios de calidad que deben cumplirse en una proyección AP en decúbito supino de abdomen?

a) La pelvis, la columna lumbar y las últimas costillas deben observarse sin rotación.
b) La columna vertebral debe quedar en el centro de la radiografía.
c) Las apófisis espinosas no han de quedar superpuestas en el centro de los cuerpos vertebrales.
d) Deben observarse partes blandas como el bazo, los riñones, la musculatura del psoas y el reborde inferior hepático.

3. ¿Qué objetivo se persigue con la técnica de doble contraste en estudios digestivos?

a) Que se visualicen solo los contornos de la luz del órgano.
b) Que se visualice la lesión: estenosis o dilatación.
c) Que se visualice la mucosa del tubo digestivo objeto de estudio.
d) Todos los anteriores.

4. ¿Qué tipo de estudio digestivo es el de la imagen?

a) Tránsito intestinal.
b) Enema opaco.
c) Esofagograma.
d) Serie gastrointestinal (GI).

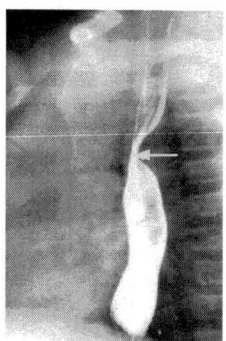

Imagen pregunta 4

5. ¿Con qué contraste se suelen hacer los estudios seriados gastrointestinales (GI)?

a) Suspensión de bario por vía IV.
b) Suspensión de bario por vía oral.
c) Compuesto yodado hidrosoluble por vía IV.
d) Compuesto yodado hidrosoluble por vía oral.

6. ¿Por dónde pasa el rayo central aproximadamente en un estudio seriado gastrointestinal (GI) en la proyección OPA derecha seriográfica?

a) Zona media Interclavicular.
b) L2.
c) C5.
d) D8.

7. ¿A la altura de qué vértebra se inicia el esófago?

a) A nivel de L2.
b) A nivel de C2.
c) A nivel de C6.
d) A nivel de D8.

8. ¿En qué patología esofágica de las que se nombra está menos indicado el TC de esófago?

a) Achalasia o acalasia.
b) Carcinoma de esófago.
c) Estadificación del carcinoma esofágico.
d) Esofagitis eosinófila.

9. ¿Cuál es el mejor método para estudiar la vesícula biliar y los conductos biliares?

a) RM.
b) Colecistografía.
c) Colangiografía.
d) Ecografía.

10. ¿Qué criterio de calidad no se cumple o es inadecuado en las imágenes obtenidas de una proyección AP en decúbito supino de abdomen de un paciente?

a) Las apófisis espinosas han de quedar en el centro de los cuerpos vertebrales y la columna vertebral debe quedar en el centro de la radiografía.
b) Debe incluirse desde el abdomen superior hasta el borde superior de la sínfisis púbica.
c) La pelvis, la columna lumbar y las últimas costillas deben observarse sin rotación.
d) No deben observarse parte blandas como el bazo, riñones, músculo psoas y reborde inferior del hígado.

11. ¿Qué afirmación es correcta de los contrastes baritados empleados en tubo digestivo?

a) Son los que contienen radio y otros alcalino-térreos en su composición.
b) Poseen un bajo número atómico.
c) Se emplean en estudios digestivos, administrándose habitualmente por vía intravenosa, aunque puedan utilizarse por otras vías.
d) No deben emplearse ante sospecha de perforación de víscera hueca como, por ejemplo, en órganos del tubo digestivo que presente un cuadro de abdomen agudo y sospecha de perforación.

12. ¿En qué proyección de abdomen se observa mejor el neumoperitoneo libre por encima de la silueta hepática?

a) AP en decúbito supino.
b) AP en decúbito lateral izquierdo de abdomen.
c) AP en decúbito lateral derecho de abdomen.
d) AP en bipedestación.

13. ¿Qué prueba es la más diagnóstica para la diverticulitis de colon?

a) Radiografía simple de tórax.
b) Resonancia de abdomen.
c) Enema opaco.
d) Radiografía simple de abdomen.

14. ¿Qué proyección es la más utilizada para el estudio de la vesícula biliar (colecistografía)?

a) Posteroanterior.
b) Decúbito lateral derecho y bipedestación.
c) Oblicuas anterior izquierda en decúbito.
d) Todas son correctas.

15. ¿Cuál de estas circunstancias contraindican una colecistografía?

a) Existencia de cálculos en la vesícula (colelitiasis).
b) Síndrome de mala absorción.
c) Estenosis o estrechamiento de las vías biliares.
d) Inflamación aguda de la vesícula biliar (colecistitis).

16. ¿Cómo se llama el estudio radiológico de las vías biliares con introducción de un medio de contraste yodado por vía intravenosa?

a) Colangiografía intravenosa.
b) Colangiografía oral.
c) Colelitiasis.
d) Coledocoscopia.

17. ¿Cuánto tiempo aproximadamente se tarda en obtener imágenes del colédoco en la colangiografía intravenosa desde la inyección del contraste?

a) 5 minutos.
b) 10 minutos.
c) 30 minutos.
d) 60 minutos.

18. ¿Qué requisitos de estos deben cumplirse para obtener colecistografías de buena calidad técnica?

a) El área de exploración debe estar colimada de manera ancha.
b) El intensificador debe estar limpio y sin defectos.
c) El foco del tubo de rayos X debe ser grande.
d) Todas son correctas.

19. ¿Por dónde se introduce el contraste en la colangiopancreatografía retrógrada endoscópica?

a) Por vía oral.
b) Por vía intravenosa.
c) Por la ampolla de Vater.
d) Nada de lo anterior es cierto.

20. La exploración ecográfica permite la visualización de la vesícula biliar en el:

a) 100 % de los casos.
b) 80 % de los casos.
c) 75 % de los casos.
d) 95 % de los casos.

En MADTEST tienes **más preguntas de este tema**, y todos tus avances quedan registrados y se reflejan en el ranking.

¡Supera tus límites con MADTEST!

Solución al test n.º 25

1. a) Proyección AP en decúbito supino.

2. c) Las apófisis espinosas no han de quedar superpuestas en el centro de los cuerpos vertebrales.

3. c) Que se visualice la mucosa del tubo digestivo objeto de estudio.

4. c) Esofagograma.

5. b) Suspensión de bario por vía oral.

6. b) L2.

7. c) A nivel de C6.

8. d) Esofagitis eosinófila.

9. d) Ecografía.

10. d) No deben observarse parte blandas como el bazo, riñones, músculo psoas y reborde inferior del hígado.

11. d) No deben emplearse ante sospecha de perforación de víscera hueca como, por ejemplo, en órganos del tubo digestivo que presente un cuadro de abdomen agudo y sospecha de perforación.

12. b) AP en decúbito lateral izquierdo de abdomen.

13. c) Enema opaco.

14. c) Oblicuas anterior izquierda en decúbito.

15. b) Síndrome de mala absorción.

16. a) Colangiografía intravenosa.

17. c) 30 minutos.

18. b) El intensificador debe estar limpio y sin defectos.

19. c) Por la ampolla de Vater.

20. d) 95 % de los casos.

Exploración radiológica del aparato genitourinario. Técnica radiográfica simple. Histerosalpingografía. Urografía Intravenosa y otros estudios seriados con contraste. Estudios con TC y RM. Criterios de calidad de la imagen

1. ¿Qué proyecciones radiográficas generalmente aclaran dudas sobre el origen y la localización de calcificaciones abdominales observables en la proyección previa abdominal?

a) En la proyección lateral en decúbito supino con rayo horizontal.
b) En la proyección lateral en bipedestación.
c) En la proyección oblicua.
d) En la proyección AP en decúbito lateral con rayo horizontal.

2. ¿Qué estudio se define como el examen radiológico del aparato urinario, concretamente de los riñones, uréteres y vejiga, utilizando un medio de contraste radiopaco administrado por vía intravenosa?

a) UroTAC.
b) Urografía intravenosa.
c) Pielografía retrógrada.
d) Cistourografía.

3. ¿Qué afirmación respecto de la urografía intravenosa es incorrecta?

a) Posee una sensibilidad elevada (87-90 %) y una especificidad también elevada (94-100 %).
b) La urografía intravenosa es una técnica morfológica que permite estudiar la morfología de aparato urinario, no es una técnica funcional.
c) La urografía IV no se debe hacer durante la fase aguda del cólico porque la eliminación del contraste puede tardar horas.
d) Es el método de elección en adultos a no ser que otro método esté claramente indicado.

4. ¿Qué estudio radiológico seriado es el de la imagen?

a) Urografía IV.
b) Prostatografía.
c) Cistouretrografía miccional (CUMS).
d) Radiografía simple de abdomen.

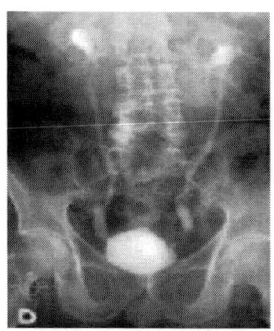

Imagen pregunta 4

5. ¿Qué estructura anatómica es la observable en este estudio con una flecha?

a) Pelvis renal (origen del uréter).
b) Uréter.
c) Uretra.
d) Arteria renal.

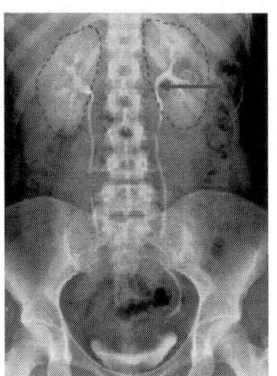

Imagen pregunta 5

6. ¿Qué estructura anatómica es la observable en este estudio con una flecha?

a) Próstata.
b) Vejiga.
c) Útero.
d) Pelvis renal.

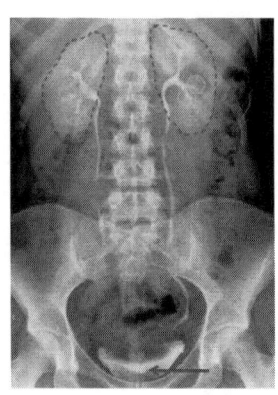

Imagen pregunta 6

7. ¿Qué fase de la urografía intravenosa es aquella que se da en los primeros minutos en la que el contraste se concentra en los túbulos contorneados proximales, opacificando el parénquima renal?

a) Fase excretora o ureteral.
b) Fase nefrográfica.
c) Fase pielográfica.
d) Fase filtrativa.

8. ¿Qué otra técnica en la actualidad ha relevado a la punción renal percutánea?

a) TC.
b) RM.
c) Ecografía.
d) Gammagrafía.

9. ¿Cómo se denomina la exploración radiológica de la vejiga urinaria?

a) Urografía.
b) Uretrografía.
c) Cistografía.
d) Pielografía.

10. ¿Qué estudio radiológico seriado es el de la imagen?

a) Urografía IV.
b) Prostatografía.
c) Cistouretrografía miccional (CUMS).
d) Pielografía.

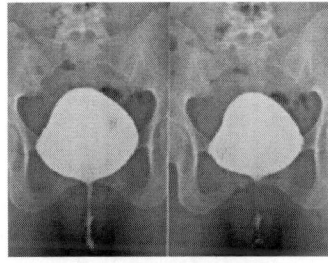

Imagen pregunta 10

11. ¿Qué estructura anatómica de la imagen es la marcada con la letra X en este TC de pelvis femenina, corte axial?

a) Recto.
b) Próstata.
c) Vejiga urinaria.
d) Coxis.

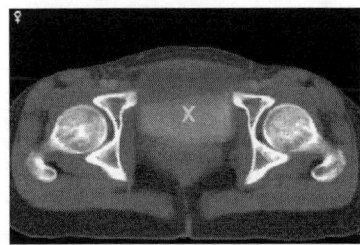

Imagen pregunta 11

12. ¿Cuántas fases elimina la técnica "split bolus" es un Uro-TC para reducir la radiación sobre el paciente?

a) Elimina solo una fase de la UroTC convencional.

b) Elimina una o más fases de la UroTC convencional.

c) Elimina todas las fases de la UroTC convencional.

d) No elimina ninguna fase de la UroTC convencional, ya que se acortan todas en el tiempo.

13. ¿Qué técnica se usa en el UroTC para disminuir la dosis sobre el paciente?

a) Scout corto.

b) Scout largo.

c) Split bolus.

d) Ninguna de las anteriores.

14. ¿Qué otro nombre recibe la última fase de un UroTC?

a) Nefrográfica.

b) Excretora.

c) Eliminativa o urinaria.

d) Cistográfica.

15. ¿Qué estructura anatómica de la imagen es la señalada con una flecha en este TC de pelvis femenina, corte axial?

a) Sigma.

b) Uréter izquierdo.

c) Uréter derecho.

d) Nada de lo anterior.

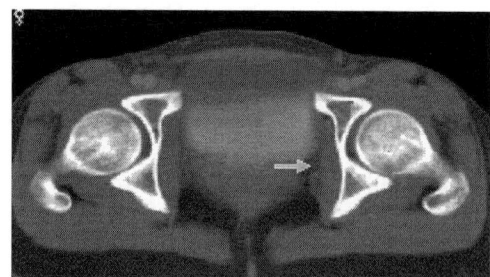

Imagen pregunta 15

16. ¿Cuál de las siguientes ventajas es propia de la uro-RM en comparación con la urografía intravenosa (IV) y la uro-TC?

a) Mayor sensibilidad para detectar urolitiasis.

b) Menor resolución de contraste tisular.

c) Ausencia de radiaciones ionizantes.

d) Mayor resolución espacial que la TC.

17. ¿Cuál de las siguientes es una limitación de la uro-RM respecto al uso de la tomografía computarizada (CT)?

a) Mayor resolución espacial.
b) Mayor sensibilidad para carcinoma urotelial.
c) Mayor disponibilidad.
d) Inferior resolución espacial.

18. ¿Cuál de las siguientes indicaciones NO corresponde al uso de la uro-RM?

a) Estudio de dilataciones del tracto urinario.
b) Diagnóstico de obstrucción no litiásica.
c) Evaluación de urolitiasis.
d) Estudio de anomalías congénitas del sistema urinario.

19. En el estudio de útero por RM, ¿qué tipo de secuencia se utiliza para distinguir el miometrio de la cavidad endometrial?

a) Axial SE-T1 sin contraste.
b) Coronal T2, Sagital T2 y Axial T2.
c) Axial T1 con saturación grasa.
d) Coronal T1 sin saturación grasa.

20. ¿Qué preparación es necesaria si se administra contraste con gadolinio para una uro-RM?

a) Ayuno de al menos 2 horas.
b) No es necesario completar ningún formulario.
c) Ayuno de 6 horas antes de la exploración.
d) No es necesario vaciar la vejiga.

Solución al test n.º 26

1. c) En la proyección oblicua.

2. b) Urografía intravenosa.

3. b) La urografía intravenosa es una técnica morfológica que permite estudiar la morfología de aparato urinario, no es una técnica funcional.

4. a) Urografía IV.

5. a) Pelvis renal (origen del uréter).

6. b) Vejiga.

7. b) Fase nefrográfica.

8. c) Ecografía.

9. c) Cistografía.

10. c) Cistouretrografía miccional.

11. c) Vejiga urinaria.

12. b) Elimina una o más fases de la UroTC convencional.

13. c) Split bolus.

14. d) Cistográfica.

15. b) Uréter izquierdo.

16. c) Ausencia de radiaciones ionizantes.

17. d) Inferior resolución espacial.

18. c) Evaluación de urolitiasis.

19. b) Coronal T2, Sagital T2 y Axial T2.

20. c) Ayuno de 6 horas antes de la exploración.

TEST N.º 27

Mamografía: estudio radiológico de la mama diagnóstico e intervencionista

1. ¿Cada cuánto tiempo y en qué momento una mujer desde los 18 años debe hacerse una autoexploración de mama?

a) Cada mes, y una semana después del inicio de la menstruación.
b) Cada mes, y una semana antes del inicio de la menstruación.
c) Cada trimestre, y una semana después del inicio de la menstruación.
d) Cada trimestre, y una semana antes del inicio de la menstruación.

2. A partir de los 50 años las mamografías deben hacerse:

a) Semestralmente.
b) Anual o bianualmente.
c) Bianualmente, o cuando quiera el médico si es de alto riesgo.
d) Anualmente, o cuando quiera el médico si es de alto riesgo.

3. ¿Qué ánodo es el más utilizado en los tubos de rayo de los mamógrafos?

a) Torio.
b) Tecnecio.
c) Wolframio.
d) Molibdeno.

4. ¿Qué tipo de rejillas se utilizan en mamografía y qué relación poseen?

a) Móviles, y de una relación 6:1 o 7:1 enfocadas a la DFI.
b) Móviles, y de una relación 4:1 o 5:1 enfocadas a la DFI.
c) Fijas, y de una relación 6:1 o 7:1 enfocadas a la DFI.
d) Fijas, y de una relación 4:1 o 5:1 enfocadas a la DFI.

5. ¿Cuál es el motivo del empleo de rejillas en la mamografía?

a) Se debe al empleo de bajo kV en la técnica.
b) Se debe al empleo del escaso mAs.
c) Se debe a la mejora de contraste, aunque se aumente la dosis a la paciente.
d) Se debe a la mejora de contraste, minimizando la dosis a la paciente.

6. ¿Qué técnica/maniobra se aplica para las pacientes con prótesis mamaria, consistente en separar el tejido mamario del material protésico, para evitar que se artefacte el estudio?

a) Se aplicará la técnica/maniobra de Heimlich.
b) Se aplicará la técnica/maniobra de Rosemberg.
c) Se aplicará la técnica/maniobra de Valsalva.
d) Se aplicará la técnica/maniobra de Eklund.

7. ¿Qué proyección/proyecciones se hace/n hoy día en los estudios de *screening* de mama en la actualidad?

a) Se realiza proyección oblicua medio lateral (OML).
b) Se realiza dos proyecciones, OML y cráneo-caudal.
c) Dos proyecciones, anterior y oblicua medio lateral (OML).
d) Dos proyecciones, cráneo-caudal y la magnificada.

8. ¿Qué proyección es muy útil en lesiones de microcalcificaciones ya que se puede identificar muy claramente su forma, número y densidad?

a) Proyección de Valle.
b) OML.
c) Proyecciones craneocaudal y lateral.
d) Proyección magnificada.

9. En las mamografías magnificadas tenemos que:

a) Acercar la mama al foco.
b) Acercar la mama al receptor de imagen.
c) Sentar a la paciente.
d) No hacer compresión sobre la mama.

10. ¿Qué técnica intervencionista citológica (no histológica) es corriente en ecografía mamaria?

a) Un PAAF.
b) Un tru-cut.
c) Una mamografía.
d) Una mamografía magnificada.

11. Para realizar una histología de mama necesitamos hacer:

a) Un PAAF.
b) Un tru-cut.
c) Una mamografía.
d) Una mamografía magnificada.

12. ¿Qué no es cierto de PAAF con estereotaxia?

a) Hay un muy pequeño riesgo de que no se extirpe la lesión.
b) Exige baja laboral (cuidados mínimos).
c) Se realiza en menos de una hora.
d) No necesita anestesia general.

13. El desarrollo de la técnica PAAF se sigue mediante:

a) Estereotaxia digital.
b) Ecografía.
c) TC.
d) Son ciertas las respuestas a) y b).

14. ¿Cuál es el kilovoltaje utilizado en mamografía?

a) Es de 24/28 kV.
b) Es de 20/22 kV.
c) Es de 19 kV.
d) Es de 50 kV.

15. ¿Cuáles son los tiempos de exposición utilizados en mamografías?

a) 2 minutos.
b) 59 segundos.
c) Décimas de segundo.
d) Ninguna es cierta.

16. ¿Qué característica no es propia de las calcificaciones benignas de mamas?

a) Que sean redondeadas.
b) Que tengan forma de palomitas de maíz.
c) Distróficas.
d) Todas son características propias de benignidad.

17. ¿Qué afirmación de las siguientes es cierta acerca de los carcinomas de mamas?

a) Son tumores malignos.
b) Son capaces de producir metástasis.

c) Están formados por células epiteliales neoformadas.
d) Todas son ciertas.

18. ¿Qué categoría BI-RADS se corresponde con una lesión de mama con moderada sospecha de malignidad de la actual clasificación de criterios, y que probabilidad de malignidad (VPP) posee?

a) 4a y con una probabilidad de malignidad (VPP) > 2 % a ≤ 10 %.
b) 4b y con una probabilidad de malignidad (VPP) > 10 % a ≤ 50 %.
c) 4c y con una probabilidad de malignidad (VPP) > 50 % a < 95 %.
d) Nada de lo anterior es cierto.

19. ¿En qué categoría BI-RADS (*Brease Imagina Reporting Am Data System*) catalogarías una lesión mamaria probablemente con un Valor Predictivo para Malignidad menor al 25 %?

a) En la categoría 1.
b) En la categoría 2.
c) En la categoría 3.
d) En la categoría 4.

20. ¿En qué técnicas de las que se nombra no se suele emplear clip arpón (microcalcificaciones) en estudios de tumores mamarios?

a) Mamografía guiada por estereotaxia.
b) Ecografía de mamas.
c) RM de mamas.
d) Mamografía sin empleo de estereotaxia.

En MADTEST tienes **más preguntas de este tema**, y todos tus avances quedan registrados y se reflejan en el ranking.

¡Supera tus límites con MADTEST!

Solución al test n.º 27

1. a) Cada mes, y una semana después del inicio de la menstruación.

2. d) Anualmente, o cuando quiera el médico si es de alto riesgo.

3. d) Molibdeno.

4. b) Móviles, y de una relación 4:1 o 5:1 enfocadas a la DFI.

5. c) Se debe a la mejora de contraste, aunque se aumente la dosis a la paciente.

6. d) Se aplicará la técnica/maniobra de Eklund.

7. b) Se realiza dos proyecciones, OML y cráneo-caudal.

8. d) Proyección magnificada.

9. a) Acercar la mama al foco.

10. a) Un PAAF.

11. b) Un tru-cut.

12. b) Exige baja laboral.

13. d) Son ciertas las respuestas a) y b).

14. a) Es de 24/28 kV.

15. c) Décimas de segundo.

16. d) Todas son características propias de benignidad.

17. d) Todas son ciertas.

18. b) 4b y con una probabilidad de malignidad > 10 % a ≤ 50 %.

19. d) En la categoría 4.

20. d) Mamografía sin empleo de estereotaxia.

**Medios de contraste radiológico: tipos, composición, utilidades.
Riesgos derivados de la administración de contrastes.
Contrastes paramagnéticos**

1. Todo lo que se dice de los medios de contrastes yodados es cierto, excepto que:

a) Estos contrastes se administran en forma de solución por diversas vías, pero siempre evitando una composición con un menor grado de toxicidad y haciéndolos así más tolerables.

b) El yodo es un elemento químico que *a priori* posee una gran toxicidad.

c) Son aquellos que contienen yodo.

d) Deben ser introducidos en el organismo como compuestos inorgánicos, que tienen una reactividad química mínima.

2. ¿Qué medios de contrastes yodados no deben administrarse por vía intravascular?

a) Los compuestos yodados liposolubles.

b) Los compuestos yodados hidrosolubles.

c) No pueden administrarse los indicados en a) ni en b).

d) Pueden administrarse los indicados en a) y en b).

3. ¿En qué circunstancias está indicada la toma de los compuestos yodados por vía oral?

a) Siempre que sean hidrosolubles.

b) Cuando existen perforaciones a cualquier nivel del tubo digestivo.

c) Siempre que sean hidrosolubles y cuando existen perforaciones a cualquier nivel del tubo digestivo.

d) Siempre que no sean hidrosolubles y cuando existen perforaciones a cualquier nivel del tubo digestivo.

4. ¿Qué afirmación de las que se nombran de los contrastes yodados es correcta?

a) No se absorben por el organismo.

b) Generalmente son moléculas orgánicas simples.

c) Los compuestos yodados liposolubles poseen actualmente escasas indicaciones de uso.

d) Se administran en suspensión, nunca en soluciones.

5. ¿Qué características de las enunciadas es aquella que condiciona su capacidad de absorber la radiación X, es decir, su coeficiente de atenuación o, dicho de otro modo, su poder contrastante?

a) Solubilidad.
b) Viscosidad.
c) Volatilidad.
d) Ninguna de las anteriores.

6. ¿Qué propiedad de un contraste yodado hidrosoluble idóneo es incorrecta?

a) Una alta solubilidad en sangre.
b) Una baja viscosidad.
c) Una escasa concentración de yodo.
d) Una osmolalidad que tendrá que ser lo más baja posible y muy similar a la sanguínea.

7. ¿Cuál de estos es un compuesto yodado dímero no iónico?

a) Ácido amidotrizoico.
b) Iotrolan.
c) Ioxaglato.
d) Iopentol.

8. ¿Qué compuesto yodado de los que se nombran no posee carácter iónico y bajísima osmolalidad?

a) Monómeros iónicos.
b) Dímeros iónicos.
c) Monómeros no iónicos.
d) Dímeros no iónicos.

9. ¿De qué depende la distribución del medio de contraste yodado por el organismo tras ser inyectado por vía IV?

a) Depende de la permeabilidad de la membrana de los capilares.
b) Depende de del grado de vascularización de cada órgano.
c) Depende de la permeabilidad de la membrana de los capilares y del grado de vascularización de cada órgano.
d) Depende de la impermeabilidad de la membrana de los capilares y de lo eficaz que sea su eliminación.

10. ¿Por qué mecanismo se eliminan los compuestos yodados por orina?

a) Por difusión simple sin reabsorción.
b) Por difusión facilitada con reabsorción.
c) Por filtración glomerular sin reabsorción.
d) Por filtración glomerular con reabsorción.

11. ¿Qué parámetros que determinan la intensidad de la señal y el contraste de la imagen en IRM es aquel que describe la capacidad de una sustancia para magnetizarse en presencia de un campo magnético externo?

a) Capacidad de relajación.
b) Perfusión.
c) Densidad protónica.
d) Susceptibilidad magnética.

12. ¿Qué parámetros son los principales que se le exige a un medio de contraste en IRM para que actúe como tal?

a) Capacidad de relajación y densidad protónica.
b) Perfusión y difusión.
c) Capacidad de relajación y susceptibilidad magnética.
d) Densidad protónica y perfusión.

13. ¿Qué elementos químicos deben poseer en su composición como principio activo los medios de contrastes empleados en RM?

a) Hierro.
b) Manganeso.
c) Gadolinio.
d) Cualquiera de los anteriores.

14. ¿Cómo actúan en la imagen de RM las sustancias paramagnéticas y supermagnéticas?

a) Con una señal hiperintensa en T1 y una hiperintensa en T2.
b) Con una señal hipointensa en T1 y una hipointensa en T2.
c) Con una señal hiperintensa en T1 y una hipointensa en T2.
d) Con una señal hipointensa en T1 y una hiperintensa en T2.

15. ¿A qué grupo de medios de contrastes pertenece el gadolinio?

a) Al grupo de contrastes paramagnéticos e inespecíficos.
b) Al grupo de contrastes paramagnéticos y específicos.
c) Al grupo de contrastes diamagnéticos y específicos.
d) Al grupo de contrastes diamagnéticos e inespecíficos.

16. ¿Cuál es la dosis aprobada para uso clínico de la gadodiamida (*Omniscan®*)?

a) 0,05 mmol/kg.
b) 0,1 mmol/kg.
c) 0,25 mmol/kg.
d) 0,5 mmol/kg.

17. ¿Qué estudios de IRM requieren principalmente de la inyección de agentes de contrastes? Los estudios de:

a) Aparato digestivo.
b) SNC (cerebro y médula espinal).
c) Aparato respiratorio.
d) Ninguno de los anteriores.

18. ¿Por dónde son eliminados los contrastes de bario?

a) Junto con las heces.
b) Por el riñón (vía urinaria).
c) Por la respiración (al espirar).
d) Por la piel.

19. ¿En qué exámenes radiológicos los contrastes yodados pueden ocasionar como efecto adverso convulsiones o/y desorientación al actuar sobre el sistema nervioso central?

a) Radiografías contrastadas intraarticulares de rodilla.
b) Mielografías.
c) PA de tórax.
d) En cualquiera de las anteriores.

20. ¿Cómo debe ser el filtrado glomerular en pacientes con insuficiencia renal por una fibrosis nefrogénica sistémica, u otra circunstancia que contraindica el empleo de compuestos de gadolinio para una RM?

a) El filtrado glomerular debe estar por debajo de 30 ml/min/1,73 m².
b) El filtrado glomerular debe estar en hemodiálisis.
c) Son correctas a) y b).
d) Son incorrectas a) y b).

En MADTEST tienes **más preguntas de este tema**, y todos tus avances quedan registrados y se reflejan en el ranking.

¡Supera tus límites con MADTEST!

Solución al test n.º 28

1. d) Deben ser introducidos en el organismo como compuestos inorgánicos, que tienen una reactividad química mínima.

2. a) Los compuestos yodados liposolubles.

3. c) Siempre que sean hidrosolubles y cuando existen perforaciones a cualquier nivel del tubo digestivo.

4. c) Los compuestos yodados liposolubles poseen actualmente escasas indicaciones de uso.

5. d) Ninguna de las anteriores.

6. c) Una escasa concentración de yodo.

7. b) Iotrolan.

8. d) Dímeros no iónicos.

9. c) Depende de la permeabilidad de la membrana de los capilares y del grado de vascularización de cada órgano.

10. c) Por filtración glomerular sin reabsorción.

11. d) Susceptibilidad magnética.

12. c) Capacidad de relajación y susceptibilidad magnética.

13. d) Cualquiera de los anteriores.

14. c) Con una señal hiperintensa en T1 y una hipointensa en T2.

15. a) Al grupo de contrastes paramagnéticos e inespecíficos.

16. b) 0,1 mmol/kg.

17. b) SNC.

18. a) Junto con las heces.

19. b) Mielografías.

20. c) Son correctas a) y b).

TEST N.º 29

Radiología y técnicas de imagen médica en pediatría y neonatología. El paciente prematuro y el lactante. Cuidados. Manejo e inmovilización. El maltrato infantil. Responsabilidad del Técnico

1. ¿De qué no depende el oscurecimiento de la radiografía?

a) De la posición del paciente.
b) De la técnica radiográfica.
c) Del tamaño del paciente.
d) De la dosis de radiación.

2. ¿Qué criterios de calidad relativos a la imagen son adecuados en una proyección PA/AP de tórax tras el periodo neonatal?

a) La reproducción del tórax debe extenderse desde justo encima de los ápices pulmonares hasta D12/L1.
b) Reproducción del tórax sin rotación ni inclinación.
c) Son correctas a) y b).
d) Son incorrectas a) y b).

3. ¿Qué clase de sensibilidad nominal presentará el sistema de hoja refuerzo-película en una proyección PA/AP de tórax después del periodo neonatal?

a) 50 - 150.
b) 150 - 350.
c) 400 - 800.
d) 700 - 900.

4. ¿Qué debe valorarse en una proyección PA de tórax en niños mayores de un mes de vida (posneonatos)?

a) La visualización de tráquea.
b) La reproducción del tórax con ligera rotación.

c) La reproducción del tórax hasta L3 – L4.

d) La realización en espiración.

5. ¿Qué afirmación es incorrecta en una proyección lateral de tórax después del periodo neonatal?

a) Es una proyección habitual, como la PA de tórax.

b) Se realiza normalmente en bipedestación, pero puede hacerse también en decúbito supino.

c) La tráquea debe visualizarse desde los ápices pulmonares hasta los bronquios principales, inclusive.

d) Todo lo anterior es incorrecto.

6. La tensión radiográfica utilizada en la proyección lateral de tórax es:

a) 60 - 80 kV.

b) 60 - 100 kV.

c) 80 - 100 kV.

d) 80 - 150 kV.

7. En neonatos, la proyección AP de tórax:

a) Se realiza sin protección del abdomen con plomo.

b) La distancia foco-película es siempre de 100 cm.

c) No se utiliza rejilla antidifusora.

d) El tiempo de exposición es inferior a 20 ms.

8. En la proyección PA de cráneo:

a) Se deben visualizar primeras vértebras cervicales.

b) Se realiza en inspiración máxima.

c) Se visualizan los senos paranasales.

d) El tiempo de exposición es inferior a 20 ms.

9. ¿Qué proyección en niños es la de la imagen?

a) AP cráneo.

b) L cráneo.

c) Towne.

d) Panorámica.

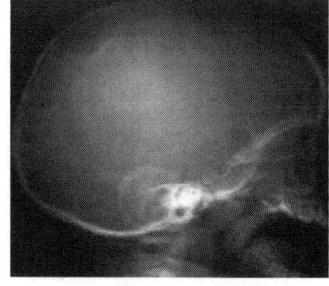

Imagen pregunta 9

10. ¿Qué kilovoltaje debe emplearse en una proyección lateral (L) de cráneo?

a) 50 - 60 kV.
b) 65 - 85 kV.
c) 90 - 100 kV.
d) 100 - 110 kV.

11. ¿Cuál de los criterios de calidad en un estudio de pelvis en proyección AP en niños mayores es incorrecto?

a) Reproducción de la esponjosa y la cortical de huesos pélvicos.
b) Visualización de los troquíteres acorde con la edad.
c) Reproducción simétrica de la pelvis.
d) Visualización del sacro y de sus orificios intervertebrales.

12. ¿De dónde a dónde deben abarcar los estudios radiográficos de seguimiento de raquis total en proyección PA en pacientes escolióticos?

a) Desde la C1 a las crestas ilíacas.
b) Desde la C7 a las crestas ilíacas.
c) Desde la C1 a la sínfisis púbica.
d) Desde la C7 a la sínfisis púbica.

13. ¿Qué tiempo de exposición se requiere en la proyección AP/PA de abdomen?

a) Menor a 10 ms.
b) Menor a 20 ms.
c) Menor a 50 ms.
d) Menor a 80 ms.

14. ¿En qué edad se recomienda en la infancia la preparación intestinal ante una proyección AP/PA del tracto urinario con contraste?

a) Niños menores de un mes de vida.
b) Niños mayores de un mes de vida.
c) Niños menores de un año.
d) Niños mayores de un año.

15. ¿Qué indica un APGAR de 10 a los diez minutos después de nacer?

a) Deprimido leve.
b) Deprimido moderado.
c) Deprimido grave.
d) No deprimido o normal.

16. ¿Qué patología de estas presenta el índice de resistencia (IR) aumentado por disminución del flujo cerebral, observado en una Eco Doppler?

a) Hidrocefalia.
b) Hematoma subdural.
c) Encefalopatía hipóxico-isquémica.
d) Edema cerebral.

17. ¿Cuál es el tumor más metastizante en la infancia?

a) Las leucemias.
b) Los sarcomas.
c) El neuroblastoma.
d) El tumor de Ewing.

18. ¿En qué zonas corporales a radiografiar se emplean frecuentemente los sacos de arena como método de inmovilización en la infancia?

a) Para inmovilizar cráneo.
b) Para inmovilizar extremidades.
c) Para inmovilizar tórax.
d) Para inmovilizar abdomen.

19. ¿Qué método de inmovilización es el de la imagen que se emplea en estudios radiográficos?

a) Los cabeceros.
b) El pigg-o-stat.
c) Los sacos de arena.
d) Las almohadillas.

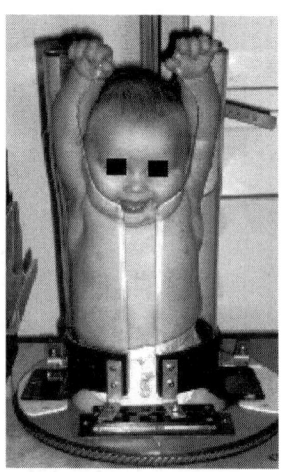

Imagen pregunta 19

20. ¿Cuál es el método de inmovilización más frecuente del paciente pediátrico en RM, esencialmente si la prueba dura mucho tiempo y este no es colaborador?

a) Las bandas fijadoras.
b) La sedación.
c) La teja.
d) La mordaza.

Solución al test n.º 29

1. a) De la posición del paciente.

2. c) Son correctas a) y b).

3. c) 400 - 800.

4. a) La visualización de tráquea.

5. a) Es una proyección habitual, como la PA de tórax.

6. a) 60 - 80 kV.

7. c) No se utiliza rejilla antidifusora.

8. c) Se visualizan los senos paranasales.

9. b) L cráneo.

10. b) 65 - 85 kV.

11. b) Visualización de los troquíteres acorde con la edad.

12. b) Desde la C7 a las crestas ilíacas.

13. b) Menor a 20 ms.

14. d) Niños mayores de un año.

15. d) No deprimido o normal.

16. c) Encefalopatía hipóxico-isquémica.

17. c) El neuroblastoma.

18. b) Para inmovilizar extremidades.

19. b) El pigg-o-stat.

20. b) La sedación.

Estudios especiales con TC y RM: tractografía cerebral, colonoscopia virtual, espectroscopia, estudios dinámicos con contraste, estudios funcionales y de perfusión. Otras Exploraciones radiológicas: ortopantomografía, dacriocistografía, sialografía, fistulografía, densitometría ósea, linfografía. flebografía. Arteriografía convencional. angio-TC, angio-RM

1. ¿Dónde se sitúa el cajón (sus límites) en los exámenes de AngioTC de aorta abdominal?

a) Se sitúa desde la base del pulmón hasta los dedos del pie.
b) Se sitúa desde hioides hasta 2 cm debajo de la calota.
c) Se sitúa desde la base del pulmón hasta femorales.
d) Se sitúa desde la base del pulmón hasta rodillas.

2. ¿Dónde se localiza el locator en angio-TC aorta abdominal?

a) Estómago.
b) Mitad de mediastino.
c) Hígado.
d) Sigma.

3. ¿Qué modalidad de examen de TC es el de la imagen?

a) Broncoscopia virtual.
b) Colonoscopia virtual.
c) Oído medio.
d) Fosas nasales.

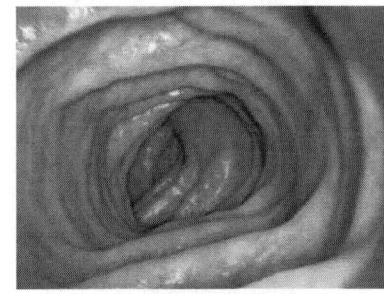

Imagen pregunta 3

4. ¿Qué patologías de las que se nombran es simuladora de un ictus cerebral?

a) Hipoglucemia (bajada de azúcar) o alteraciones en niveles de sodio en sangre.
b) Alteraciones oftalmológicas.
c) Traumatismos craneales.
d) Cualquiera de las anteriores es simuladora de ictus.

5. ¿Qué modalidad de ictus hemorrágico es el de la imagen?

a) Subaracnoideo.
b) Subdural.
c) Epidural.
d) Intracerebral.

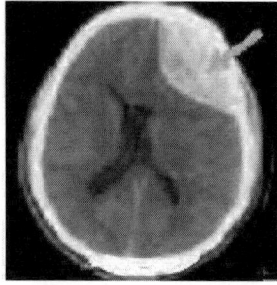

Imagen pregunta 5

6. ¿Qué afirmación es incorrecta respecto a las secuencias TOF en sangre blanca?

a) Se dividen en secuencias de pulso (anatómicas), secuencias eco de gradiente (anatómicas y cine), secuencias de flujo y secuencias eco de gradiente 3D.
b) Las secuencias de sangre blanca son las *bright-blood*.
c) Las imágenes de "sangre blanca" visualizan los protones de la sangre, y en las imágenes de "sangre negra" no, ya que no están ahí.
d) En las secuencias de sangre blanca, la sangre circulante es hipointensa (señal baja) con respecto al miocardio normal.

7. ¿En qué procesos patológicos la información que nos da la espectroscopia por RM (ERM), puede ser de mayor impacto clínico?

a) Malformaciones congénitas a nivel del tubo digestivo.
b) Patología vascular carotidea y vertebral.
c) Tipificación prequirúrgica de los tumores cerebrales.
d) En ninguno de los anteriores.

8. ¿Cómo se denomina el efecto que se da en la RM funcional del cerebro que se basa en el flujo sanguíneo cerebral (FSC), el metabolismo neuronal y las propiedades magnéticas de la hemoglobina, que es lo que permite obtener una señal al someter al cerebro a un campo magnético?

a) Efecto de vacío de señal.
b) Efecto de masa.
c) Efecto Bold.
d) Efecto máximo del contraste.

9. ¿Qué enfermedades principalmente nos permite valorar la entero-RM?

a) Diverticulosis y diverticulitis.
b) Enfermedad de Cröhn y colitis ulcerosa.
c) Colon irritable y colitis funcional.
d) Hernias cólicas y síndrome de obstrucción intestinal.

10. ¿Qué plano en esta enteroRM es el de la imagen?

a) Plano ortogonal.
b) Plano axial.
c) Plano sagital.
d) Plano coronal.

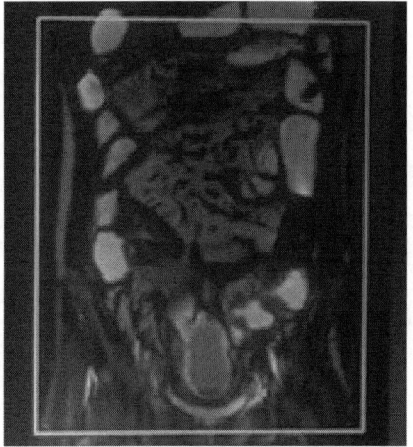

Imagen pregunta 10

11. ¿Para qué se emplea sustancialmente una angiografía?

a) Para identificar la anatomía de los vasos que se están estudiando.
b) Para identificar los procesos patológicos de los vasos que se están estudiando.
c) Para identificar la anatomía de los vasos que se están estudiando, así como los procesos patológicos que sufren los mismos.
d) Nada de lo anterior es cierto.

12. ¿Cuál suele ser normalmente la longitud de las guías?

a) 115 cm.
b) 125 cm.
c) 135 cm.
d) 145 cm.

13. ¿Por dónde se suele realizar, siempre que sea posible, la cateterización directa de los cuatro vasos principales (2 carótidas y 2 vertebrales)?

a) A través del tronco basilar.
b) A través la axilar.

c) A través la femoral.
d) Se efectúa directa en cava.

14. ¿Qué estructura vascular es la marcada con una X en esta arteriografía del tronco celíaco?

a) Arteria esplénica.
b) Arteria hepática común.
c) Arteria gastroduodenal.
d) Arteria coronaria estomática.

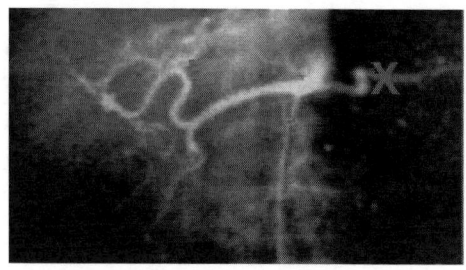

Imagen pregunta 14

15. ¿A qué altura se bifurca la arteria ilíaca primitiva (izquierda y derecha)?

a) A nivel de D4.
b) A nivel de D2.
c) A nivel de L2.
d) A nivel de L4.

16. ¿Por dónde se introduce el contraste en una histerosalpingografía?

a) Se introduce oralmente.
b) Se introduce a través del conducto cervical.
c) Se introduce intratecalmente.
d) Se introduce por vía intravenosa.

17. ¿Qué prueba de imagen médica no se utiliza en el diagnóstico de patología lagrimal o de visualización del sistema lagrimal?

a) Dacriocistografía.
b) Ecografía.
c) TAC.
d) RM.

18. ¿Por qué se irrigan los canalículos con suero salino en la dacriocistografía?

a) Porque es una forma de anestesia.
b) No hay por qué irrigar nada.
c) Para comprobar el grado de permeabilidad y eliminar pus o moco.
d) Por seguir un protocolo.

19. ¿Qué modalidad de equipo radiológico se requiere para efectuar una sialografía?

a) Sonógrafo con posibilidad 3D/4D.
b) Mamógrafo modificado.
c) Mesa telemandada con exposimetría automática e intensificador de imagen.
d) Fluoroscopia sin intensificador de imagen.

20. ¿Sobre qué plano del sujeto incide perpendicularmente el haz de rayo central en la TeleRx lateral?

a) Sobre el plano coronal medio.
b) Sobre el plano sagital medio.
c) Sobre el plano frontal medio.
d) Sobre el plano transversal medio.

En MADTEST tienes **más preguntas de este tema**, y todos tus avances quedan registrados y se reflejan en el ranking.

¡Supera tus límites con MADTEST!

Solución al test n.º 30

1. c) Se sitúa desde la base del pulmón hasta femorales.

2. c) Hígado.

3. b) Colonoscopia virtual.

4. d) Cualquiera de las anteriores es simuladora de ictus.

5. c) Epidural.

6. d) En las secuencias de sangre blanca, la sangre circulante es hipointensa con respecto al miocardio normal.

7. c) Tipificación prequirúrgica de los tumores cerebrales.

8. c) Efecto Bold.

9. b) Enfermedad de Cröhn y colitis ulcerosa.

10. d) Plano coronal.

11. c) Para identificar la anatomía de los vasos que se están estudiando, así como los procesos patológicos que sufren los mismos.

12. d) 145 cm.

13. c) A través la femoral.

14. a) Arteria esplénica.

15. d) A nivel de L4.

16. b) Se introduce a través del conducto cervical.

17. b) Ecografía.

18. c) Para comprobar el grado de permeabilidad y eliminar pus o moco.

19. c) Mesa telemandada con exposimetría automática e intensificador de imagen.

20. b) Sobre el plano sagital medio.

Gestión de residuos: manejo de los residuos en radiología: clasificación, trasporte, eliminación y tratamiento. Segregación de residuos y envasado. Material radiactivo: clasificación, almacenamiento y evacuación

1. ¿Qué residuos no se regulan o no es de aplicación la Ley 7/2022, de 8 de abril, de residuos y suelos contaminados para una economía circular?

a) Residuos urbanos.
b) Residuos asimilables a urbanos.
c) Residuos radiactivos.
d) Es de aplicación a todos los anteriores.

2. ¿Qué atributo se aplica a las sustancias y los preparados que poseen efectos adversos sobre la funcion sexual y la fertilidad de hombres y mujeres adultos, así como sobre el desarrollo de los descendientes?

a) Residuo infeccioso.
b) Residuo tóxico para la reproducción.
c) Residuo mutagénico.
d) Residuo sensibilizante.

3. ¿Cuál es el residuo con la sigla HP 14?

a) Sensibilizante.
b) Mutagénico.
c) Ecotóxico.
d) Corrosivo.

4. ¿Cómo se denomina a toda persona física o jurídica que actúe por cuenta propia en la compra y posterior venta de residuos, incluidos los negociantes que no tomen posesión física de los residuos?

a) Agente.
b) Conciliador.

c) Tratante.
d) Negociante.

5. ¿Qué legislación europea establece los principios y los requisitos generales de la legislación alimentaria?

a) Reglamento (CE) n.º 154/2006 del Parlamento Europeo y del Consejo.
b) Directiva (CE) n.º 43/2007 del Parlamento Europeo y del Consejo.
c) Reglamento (CE) n.º 252/2004 del Parlamento Europeo y del Consejo.
d) Reglamento (CE) n.º 178/2002 del Parlamento Europeo y del Consejo.

6. ¿Quién evaluará y declarará una sustancia u objeto como subproducto, con alcance general en el conjunto del territorio español?

a) El Ministerio de Fomento e Industria.
b) El Ministerio de Sanidad.
c) El Ministerio para la Transición Ecológica y el Reto Demográfico.
d) Las entidades locales (ayuntamientos).

7. ¿A quién se notificará de conformidad con el Real Decreto 1337/1999, de 31 de julio, a los efectos de dar cumplimiento a lo dispuesto en la Directiva (UE) 2015/1535 del Parlamento Europeo y del Consejo, de 9 de septiembre de 2015, la disposición por la que se haya efectuado la determinación del fin de la condición de residuo y el proceso llevado a cabo a tal fin?

a) Al Ministerio de Fomento e Industria.
b) Al Ministerio de Sanidad.
c) Al Ministerio para la Transición Ecológica y el Reto Demográfico.
d) A la Comisión Europea.

8. ¿Qué orden de prioridad es anterior o mayor jerárquicamente al resto de los que se nombran respecto a conseguir el mejor resultado medioambiental global, en el desarrollo de las políticas y de la legislación en materia de prevención y gestión de residuos?

a) Reciclado.
b) Prevención.
c) Valorización energética.
d) Eliminación.

9. ¿Qué nombre recibirá el residuo, atendiendo a su composición del mismo, como todo desecho sin origen biológico, de índole industrial o de algún otro proceso artificial, por ejemplo: plásticos o telas sintéticas?

a) Residuo orgánico.
b) Residuo inorgánico.

c) Mezcla de residuo.
d) Residuo peligroso.

10. ¿Qué afirmación es incorrecta respecto a la gestión de los aceites usados?

a) Los aceites usados de distintas características no se mezclarán.
b) Se tratarán dando prioridad a la eliminación de los mismos, mediante su quema.
c) Se recogerán por separado, salvo que la recogida separada no sea técnicamente viable teniendo en cuenta las buenas prácticas.
d) Los aceites usados se mezclarán con otros tipos de residuos o sustancias, si dicha mezcla impide su regeneración u otra operación de reciclado con la que se obtenga un resultado medioambiental global equivalente o mejor que la regeneración.

11. ¿Por qué se caracterizan los residuos sólidos, según la clasificación establecida por la OIEA, para los residuos de la categoría 2? Se caracterizan por:

a) Tasa de dosis en superficie (R/h) < 0,2 y ser emisores alfa.
b) Tasa de dosis en superficie (R/h) > 2 y ser emisores beta y gamma.
c) Tasa de dosis en superficie (R/h) de 0,2 a 2 y ser emisores beta y gamma.
d) Tasa de dosis en superficie (R/h) de 0,2 a 2 y ser emisores alfa.

12. ¿Por qué se caracterizan los residuos sólidos radiactivos de la categoría 4, según la clasificación establecida por la OIEA para residuos líquidos? Se caracterizan por:

a) Actividad de 10^{-3} a 10^{-1} Ci/m^3.
b) Actividad de 10^{-5} a 10–3 Ci/m^3.
c) Actividad de < 10^{-6} Ci/m^3.
d) Actividad de 10^{-1} a 10^4 Ci/m^3.

13. ¿Cómo es la gestión adecuada para actividades importantes de los residuos radiactivos que poseen una vida media y larga? La gestión adecuada se efectúa por:

a) Dilución en aire.
b) Dispersión al medio ambiente.
c) Aislamiento.
d) Almacenamiento temporal.

14. ¿Qué es el proceso de evacuación de residuos radiactivos?

a) El resultado del almacenamiento.
b) Es el resultado del almacenamiento en el tiempo, con la liberación de unos residuos radiactivos que han perdido su carácter de radiactivo.
c) Es el resultado del almacenamiento en el tiempo, con la liberación de unos residuos radiactivos que han perdido un 50 % de su carácter de radiactivo.
d) Es el resultado del almacenamiento en el tiempo, con la liberación de unos residuos radiactivos que no han perdido su carácter de radiactivo.

15. ¿Qué medida primera se lleva a cabo en la gestión hospitalaria de residuos radiactivos?

a) Inmovilizar.
b) Confinar.
c) Aislar.
d) Separar.

16. ¿Entre las características ideales de un almacén para residuos radiactivos cuál de las siguientes no se cumple?

a) Sistema de ventilación provisto de filtro apropiado.
b) Refrigeración a -20 ºC continuada.
c) Suelos sin fisuras, y fácilmente descontaminables.
d) Situación lo más próxima posible al lugar donde se generan los residuos.

17. ¿Cuál de las precauciones es incorrecta entre las que se deben tomar en la utilización de recipientes destinados a la recogida de residuos radiactivos de cualquier tipo?

a) Para emisores beta de baja o media energía, o emisores gamma de baja energía, los recipientes no necesitan disponer de blindaje.
b) Para emisores beta de alta energía (32P por ejemplo), puede ser necesario un blindaje grueso (1 o 2 cm) de metacrilato, o incluso metacrilato con revestimiento metálico externo.
c) Para emisores gamma de media o alta energía, pueden ser necesarios recipientes blindados con plomo.
d) Para emisores gamma de media energía, puede ser necesario un blindaje grueso (1 o 2 cm) de metacrilato, o incluso metacrilato con revestimiento metálico externo.

18. ¿De qué manera, siempre que sea posible, se pueden almacenar los residuos radiactivos sólidos?

a) En la propia instalación hasta que su actividad especifica alcance valores inferiores a 74 Bq/g, momento en el que se pueden evacuar como basura convencional, una vez comprobado que su tasa de dosis en contacto corresponde al fondo ambiental.
b) En la propia instalación hasta que su actividad especifica alcance valores inferiores a 74 mCi/g, momento en el que se pueden evacuar como basura convencional, una vez comprobado que su tasa de dosis en contacto corresponde al fondo ambiental.
c) En la propia instalación hasta que su actividad especifica alcance valores inferiores a 27 Bq/g, momento en el que se pueden evacuar como basura convencional, una vez comprobado que su tasa de dosis en contacto corresponde al fondo ambiental.
d) En la propia instalación hasta que su actividad especifica alcance valores inferiores a 27 mCi/g, momento en el que se pueden evacuar como basura convencional, una vez comprobado que su tasa de dosis en contacto corresponde al fondo ambiental.

19. ¿Qué medida de actividad especifica en Bq/g (como consecuencia de la NORMA) debe poseer un desperdicio radiactivo para ser tratado como basura convencional?

a) Menor de 500.
b) Menor de 750.
c) Menor de 100.
d) Menor de 74.

20. ¿Qué característica no cumplen los residuos radiactivos de baja y media actividad?

a) No generan calor.
b) Son emisores beta o/y gamma.
c) T1/2 < 30 años.
d) Emisores alfa > a 0,37 GBq/T.

En MADTEST tienes **más preguntas de este tema**, y todos tus avances quedan registrados y se reflejan en el ranking.

¡Supera tus límites con MADTEST!

Solución al test n.º 31

1. c) Residuos radiactivos.

2. b) Residuo tóxico para la reproducción.

3. c) Ecotóxico.

4. d) Negociante.

5. d) Reglamento n.º 178/2002 del Parlamento Europeo y del Consejo.

6. c) El Ministerio para la Transición Ecológica y el Reto Demográfico.

7. d) A la Comisión Europea.

8. b) Prevención.

9. b) Residuo inorgánico.

10. b) Se tratarán dando prioridad a la eliminación de los mismos, mediante su quema.

11. c) Tasa de dosis en superficie de 0,2 a 2 y ser emisores beta y gamma.

12. d) Actividad de 10–1 a 104 Ci/m3.

13. c) Aislamiento.

14. b) Es el resultado del almacenamiento en el tiempo, con la liberación de unos residuos radiactivos que han perdido su carácter de radiactivo.

15. d) Separar.

16. b) Refrigeración a -20 ºC continuada.

17. d) Para emisores gamma de media energía, puede ser necesario un blindaje grueso de metacrilato, o incluso metacrilato con revestimiento metálico externo.

18. a) En la propia instalación hasta que su actividad especifica alcance valores inferiores a 74 Bq/g, momento en el que se pueden evacuar como basura convencional, una vez comprobado que su tasa de dosis en contacto corresponde al fondo ambiental.

19. d) Menor de 74.

20. d) Emisores alfa > a 0,37 GBq/T.

Cómo acceder al Curso

Técnico/a Especialista de Radiodiagnóstico
Test del temario

El uso de los códigos **es exclusivo de los compradores de los productos de Editorial MAD**. Cada producto posee un código único y de un solo uso. Es personal e intransferible y da acceso a servicios y contenidos adicionales. Editorial MAD se reserva el derecho de hacer cuantas comprobaciones sean necesarias para identificar al legítimo poseedor del código y dejar de dar servicio a quien haga uso fraudulento del mismo, además de emprender cuantas acciones legales estime oportunas según la legislación vigente.

Deberás acceder a:

mad.es/registro-campus

Si una vez aceptadas las condiciones de uso del Campus decides hacer uso del mismo, necesitarás del siguiente código de acceso junto con los códigos del resto de títulos que se exigen (si fuera el caso):

5K8T7GB6WV